CELICIOSO

delicias sin gluten

© Santi Godfrid, 2017

Proyecto: Teresa Peyrí
Diseño: Vicky Heredero
Fotografías: Teresa Peyrí
Optimización de imágenes: Paolo Tagliolini
Coordinación y corrección de textos: Pilar Calleja

Primera edición: noviembre de 2017

© de esta edición: 2017 Roca Editorial de Libros, S. L.
Av. Marquès de l'Argentera 17, pral.
08003 Barcelona
actualidad@rocaeditorial.com
www.rocalibros.com

Impreso por EGEDSA
Roís de Corella 12-16, nave 1
Sabadell (Barcelona)

ISBN: 978-84-16498-07-9
Depósito legal: B 22410-2017
Código IBIC: WBHS

RE98079

CELICIOSO

delicias sin gluten

de Santi Godfrid

Rocaeditorial

A todos los que viven y disfrutan de una mesa sin gluten

When i think of Celisioso, i think of sharing. Whenever we have visited "Celi", we had many wonderful moments we shared with each other as friends, family and companions in life's beautiful journey.

Santi's personal story that inspired idea of opening Celisioso is honest and powerful. Very pleasent ambience allows people to relax and experience wide range tasty GLUTEN FREE food and refreshing juices.

Celisioso has a soul, energy that people can feel and relate to it. It is a place where you indulge yourself in food that satisfies your senses, but most of all place where people feel good and they share happiness with others.

Thank you Santi for allowing celiacs and people with similar alergies to have easy accsess to the „kitchen of their dreams".

To many more special and wonderful moments we are going to share in the future...

Gracias amigos

Cuando pienso en CELiCiOSO pienso en compartir. Cada vez que hemos estado en «Celi» ha sido una maravillosa experiencia compartida con amigos, familiares o compañeros del precioso camino de la vida.

La historia personal de Santi que inspiró la idea de abrir CELiCiOSO es honesta y poderosa. Y ha conseguido crear un ambiente agradable y placentero que permite a la gente relajarse y disfrutar de una amplia variedad de platos sin gluten y refrescantes zumos.

CELiCiOSO tiene alma, una energía que todo aquel que lo visita puede sentir y por eso habla de ella. Es un lugar en el que te concedes cierto grado de indulgencia a través de unos menús que enaltecen los sentidos. Pero sobre todo es un lugar en el que la gente se siente bien, a gusto, y comparte felicidad con otros.

Gracias, Santi, por permitir que los celíacos, o personas con otras intolerancias, podamos disfrutar de la «cocina de nuestros sueños».

Por todos esos momentos especiales que seguiremos compartiendo en el futuro.

Gracias amigos,

Novak Djokovic

Mi nombre es Santi Godfrid y soy celíaco. Desde muy pequeño he padecido los síntomas de la intolerancia al gluten, que provoca una reacción inflamatoria en la mucosa del intestino delgado, que a su vez dificulta la absorción de macro y micronutrientes.

Siempre he amado el deporte, incluso jugué al tenis a nivel profesional, pero la intolerancia al gluten me impedía practicar esta actividad con normalidad.

A los veinticuatro años me diagnosticaron celiaquía, lo que me obligó no solo a replantearme la forma de comer, sino también qué significaba ser celíaco y de qué modo podía seguir con una vida normal.

La solución parecía fácil, seguir una alimentación sin gluten. Pero en aquella época no resultaba sencillo encontrar este tipo de alimentos y, peor aún, lo poco que encontraba no me gustaba. Lo que me ofrecía el mercado no me satisfacía, así que decidí empezar a cocinar en mi casa con la ayuda de amigos y sobre todo de mi madre. Después de muchas pruebas y errores, logramos recetas deliciosas.

Siempre he creído que las cosas buenas compartidas en familia o con amigos saben mucho mejor, podría decir que este fue el germen y la esencia de CELICIOSO.

CELICIOSO se inauguró el 1 de agosto de 2012; era la primera pastelería sin gluten en el corazón de Madrid. Debo decir que ya desde los inicios fuimos muy bien recibidos por el público y nos posicionamos como el número 1 de la capital española.

Tres años después, con la misma visión, nació en Marbella CELICIOSO, FOOD AND DRINKS.

En Marbella cambiamos la oferta y además de nuestros productos de pastelería, también contamos con un menú de restauración completo donde la comida ecológica es la protagonista.

En el 2016 abrimos un tercer espacio en la calle Barquillo de Madrid, donde nuestros clientes pueden disfrutar del mismo menú que servimos en Marbella. También hemos cruzado el Mediterráneo y hemos llegado a la isla de Ibiza. El reto es seguir en expansión y continuar con la apertura de nuevos establecimientos.

Nuestra filosofía está enfocada en una oferta de productos artesanales y saludables que te mimen por dentro. La misión de CELICIOSO consiste en la innovación diaria para introducir cada vez más opciones que atiendan otras intolerancias: sin lactosa, veganas…

Nuestras recetas son sin gluten y sin azúcar, están elaboradas con azúcar de abedul, y os recomendamos que en la medida de lo posible intentéis usar productos de origen ecológico.

¡Gracias por tener nuestro libro en tus manos! En él encontraréis gran parte de las recetas que se pueden degustar en nuestros establecimientos.

Y por último, un consejo: elaborad las recetas con una actitud alegre y abierta, y sobre todo compartidlas con las personas que más queréis.

CELICIOSO ®

GLUTEN FREE BAKERY

sin lactosa sin huevo sin azúcar  vegano

cupcakes & cakes

Cupcakes

Chocolate y vainilla, 20

Manzana y canela, 23

Plátano y chocolate, 24

Plátano y mascarpone, 27

Zanahoria, 28

Chocolate y merengue, 31

Chocolate extravaganza, 32

Chocolate y crema de cacahuete, 35

Lima limón, 36

Limón y merengue, 39

Chocolate y frambuesa, 40

Red velvet, 43

Vainilla y mascarpone, 44

Chocolate y mascarpone, 47

Chocolate y fresa, 48

Cakes

Triple chocolate, 50

Key lime, 53

Red velvet, 55

Tarta de Santiago, 57

Banoffee, 58

Black velvet, 61

Celicioso tarta de queso, 62

Zanahoria, 65

Tarta de limón, 66

Tiramisú, 69

Crudivegana de chocolate, 70

Chocolate y frambuesa, 73

Crudivegana de plátano y fresa, 74

Brownies, 77

CUPCAKES

CHOCOLATE Y VAINILLA

INGREDIENTES

Para el cupcake:
100 ml de aceite de girasol o de oliva suave
220 g de azúcar de abedul
90 g de harina de arroz
140 g de fécula de patata
20 g de preparado de repostería sin gluten y sin lactosa
50 g de cacao en polvo
7 g de levadura sin gluten
5 g de bicarbonato
una pizca de sal
2 g de goma xantana
1 huevo
140 ml de leche desnatada y sin lactosa
170 ml de agua

Para la crema:
150 g de mantequilla
220 g de azúcar glas
7 g de pasta concentrada natural de vainilla Bourbon
unas gotas de colorante rojo

 12 unidades

 45 minutos

 Dificultad: fácil

1 Para la crema: bate la pasta de vainilla con la mantequilla, a temperatura ambiente, y con el colorante. Cuando consigas una mezcla homogénea, añade el azúcar y vuelve a batir hasta que se integre. Disponla en una manga pastelera con la boquilla en forma de pétalo y reserva.

2 Para los cupcakes: tamiza la harina con el preparado de repostería, la levadura, el bicarbonato y la sal en un recipiente grande. Añade la fécula de patata, el azúcar de abedul, la goma xantana y el cacao. Remueve hasta obtener una pasta homogénea.

3 Aparte, mezcla el aceite, el huevo, el agua y la leche. Añade esta masa a la seca y remueve bien hasta que se integren.

4 Reparte la masa en moldes para cupcakes y llénalos solo hasta 2/3 partes de su capacidad. Hornéalos a 170° unos 20 minutos, hasta que se dore la superficie. Retíralos, déjalos templar unos minutos más y desmóldalos. Por último, decóralos con la crema dándole forma de rosa sobre el cupcake una vez que la masa este fría.

CUPCAKES
MANZANA Y CANELA

INGREDIENTES

Para el cupcake:

190 g de azúcar de abedul

90 g de harina de arroz

70 g de preparado de repostería sin gluten y sin lactosa

140 g de fécula de patata

7 g de levadura sin gluten

5 g de bicarbonato

una pizca de sal

2 g de goma xantana

una pizca de canela

150 g de manzanas

1 huevo

140 ml de leche desnatada y sin lactosa

100 ml de aceite de girasol

170 ml de agua

Para la crema:

150 g de mantequilla sin sal

una pizca de canela molida

180 g de azúcar glas

50 ml de leche desnatada y sin lactosa

....

 12 unidades

 45 minutos

 Dificultad: fácil

1 Para la crema: bate la mantequilla a temperatura ambiente con el azúcar en un bol. Añade la canela, bate unos instantes más y vierte la leche, sin dejar de batir, hasta que obtengas una textura cremosa. Disponla en una manga pastelera con boquilla rizada.

2 Para los cupcakes: tamiza la harina con el preparado de repostería y mézclalos con el azúcar, la fécula de patata, la levadura, la sal, la goma xantana, la canela, la manzana triturada y el bicarbonato.

3 Aparte, mezcla también el aceite, el huevo, el agua y la leche. Añade esta masa a la seca y remueve bien hasta que se integren. Precalienta el horno a 170°.

4 Reparte la masa en moldes para cupcakes y llénalos solo hasta 2/3 partes de su capacidad. Hornéalos a 170° unos 20 minutos, hasta que se dore la superficie. Sácalos del horno, déjalos templar unos minutos y desmóldalos. Cuando estén fríos, decóralos con la crema con la ayuda de la manga pastelera con boquilla para hacer pequeñas rosas.

CUPCAKES

PLÁTANO Y CHOCOLATE

INGREDIENTES

Para el cupcake:

190 g de azúcar de abedul

80 g de harina de arroz

65 g de preparado de repostería sin gluten y sin lactosa

140 g de fécula de patata

7 g de levadura sin gluten

5 g de bicarbonato

una pizca de sal

2 g de goma xantana

1 huevo

120 ml de leche desnatada y sin lactosa

90 ml de aceite de girasol o de oliva suave

120 ml de agua

135 g de plátano

Para la crema:

100 g de mantequilla sin sal

25 g de cacao en polvo

100 g de azúcar glas

50 ml de leche desnatada y sin lactosa

12 unidades

45 minutos

Dificultad: fácil

1 Para la crema: con una batidora de varillas bate la mantequilla a temperatura ambiente. Añade el cacao, bate de nuevo y agrega el azúcar. Remueve hasta que se integren. Vierte la leche y mezcla, y sigue batiendo durante unos instantes más a baja velocidad. Disponla en una manga pastelera con la boquilla rizada.

2 Para los cupcakes: tamiza la harina con el preparado de repostería, la levadura, el bicarbonato y la sal en un recipiente grande. Añade la fécula de patata, el azúcar y la goma xantana. Remueve hasta que se integren los ingredientes.

3 Aparte, mezcla el aceite, el huevo, el agua, el plátano triturado y la leche. Añade esta masa a la seca y remueve bien hasta obtener una masa lisa. Precalienta el horno a 170°.

4 Reparte la masa en moldes para cupcakes y llénalos solo hasta 2/3 partes de su capacidad. Hornéalos a 170° unos 20 minutos, hasta que se dore la superficie. Sácalos del horno, déjalos templar unos minutos y desmóldalos. Luego, decóralos con la crema haciendo pequeños rosetones en la superficie del cupcake ya frío.

CUPCAKES

PLÁTANO Y MASCARPONE

INGREDIENTES

Para el cupcake:
190 g de azúcar de abedul
80 g de harina de arroz
65 g de preparado de repostería sin gluten y sin lactosa
140 g de fécula de patata
6 g de levadura sin gluten
5 g de bicarbonato
una pizca de sal
2 g de goma xantana
1 huevo
120 ml de leche desnatada y sin lactosa
90 ml de aceite de girasol o de oliva suave
120 ml de agua
135 g de plátanos

Para la crema:
150 g de nata para montar
200 g de queso mascarpone
50 g de azúcar glas

 12 unidades

 45 minutos

Dificultad: fácil

1 Para la crema: monta la nata con el queso y el azúcar. Disponla en una manga pastelera con la boquilla estriada y déjala en la nevera.

2 Para los cupcakes: tamiza la harina con el preparado de repostería, la levadura y el bicarbonato en un bol grande. Añade la fécula de patata, el azúcar, la goma xantana y la sal. Remueve los ingredientes hasta que se integren.

3 Aparte, mezcla el aceite, el huevo, el agua, el plátano triturado y la leche. Añade esta masa a la mezcla seca y remueve bien hasta obtener una pasta homogénea. Precalienta el horno a 170°.

4 Reparte la masa en moldes para cupcakes y llénalos solo hasta 2/3 partes de su capacidad. Hornéalos a 170° unos 20 minutos, hasta que se dore la superficie. Sácalos del horno, déjalos templar unos minutos y desmóldalos. Luego, decóralos con la crema haciendo pequeños rosetones en la superficie del cupcake ya frío.

CUPCAKES

ZANAHORIA

INGREDIENTES

Para el cupcake:
200 g de azúcar de abedul
65 g de preparado de repostería sin gluten y sin lactosa
80 g de harina de arroz
35 g de fécula de patata
6 g de levadura sin gluten
una pizca de bicarbonato
3 g de sal
2 g de goma xantana
una pizca de canela
una pizca de jengibre
una pizca de nuez moscada
1 huevo
120 ml de leche desnatada y sin lactosa
90 ml de aceite de girasol o de oliva suave
120 ml de agua
160 g de zanahoria triturada

Para la crema de queso:
100 g de mantequilla sin sal
85 g de azúcar glas
45 g de queso blanco cremoso
15 g de colorante verde
10 g de colorante naranja

 12 unidades

 45 minutos

 Dificultad: fácil

1 Para la crema: con la batidora de varillas bate en un bol la mantequilla, el azúcar y el queso. Separa una parte pequeña y mézclala con el colorante naranja; al resto añádele el colorante verde. Dispón la crema verde en una manga pastelera de boquilla especial para dar el efecto césped. Usa la crema naranja para hacer dibujos de zanahoria.

2 Para los cupcakes: tamiza la harina con el preparado de repostería, la levadura, el bicarbonato y la sal en un recipiente grande. Añade la fécula, la goma xantana, el jengibre, la nuez moscada, el azúcar y la canela. Remueve hasta que se integren los ingredientes.

3 Aparte, mezcla el aceite, el huevo, el agua, la leche y la zanahoria triturada. Añade esta mezcla al recipiente de la masa seca y remueve bien hasta que ambas se integren. Precalienta el horno a 170°.

4 Reparte la masa en moldes para cupcakes y llénalos solo hasta 2/3 partes de su capacidad. Hornéalos a 170° unos 20 minutos, hasta que se dore la superficie. Sácalos del horno, déjalos templar unos minutos y desmóldalos. Luego, decora los cupcakes con la crema verde y, con la crema naranja, dibuja las zanahorias.

CUPCAKES

CHOCOLATE Y MERENGUE

INGREDIENTES

Para el cupcake:

100 ml de aceite de girasol o de oliva suave

220 g de azúcar de abedul

90 g de harina de arroz

130 g de fécula de patata

20 g de preparado de repostería sin gluten y sin lactosa

50 g de cacao en polvo

7 g de levadura sin gluten

5 g de bicarbonato

una pizca de sal

2 g de goma xantana

1 huevo

140 ml de leche desnatada y sin lactosa

170 ml de agua

Para el merengue:

2 claras de huevo

100 g de azúcar de abedul

....

 12 unidades

 45 minutos

 Dificultad: fácil

1 Para los cupcakes: tamiza la harina con el preparado de repostería, la levadura…. y el bicarbonato en un bol grande. Añade la fécula, el azúcar, la goma xantana, el cacao y la sal. Remueve hasta que se integren todos los ingredientes.

2 Aparte, mezcla el aceite, el huevo, el agua y la leche. Añade esta masa a la seca y remueve bien hasta que se integren.

3 Reparte la masa en moldes para cupcakes y llénalos solo hasta 2/3 partes de su capacidad. Hornéalos a 170° unos 20 minutos hasta que se dore la superficie. Sácalos del horno, déjalos templar unos minutos, desmóldalos y déjalos enfriar.

4 Para el merengue: bate las claras con el azúcar y monta a punto de nieve, a máxima velocidad. Para saber si está en su punto, prueba a coger un poco con una cuchara y dale la vuelta. Estará perfecto si el merengue no se cae. Luego, disponlo en una manga pastelera con la boquilla rizada, decora los cupcakes con un rosetón de merengue y gratínalos unos 3 minutos.

CUPCAKES

CHOCOLATE EXTRAVAGANZA

INGREDIENTES

Para el cupcake:

100 ml de aceite de girasol o de oliva suave

220 g de azúcar de abedul

90 g de harina de arroz

140 g de fécula de patata

20 g de preparado de repostería sin gluten y sin lactosa

50 g de cacao en polvo

7 g de levadura sin gluten

5 g de bicarbonato

una pizca de sal

2 g de goma xantana

1 huevo

140 ml de leche desnatada y sin lactosa

170 ml de agua

Para la crema extravaganza:

100 g de mantequilla sin sal

25 g de cacao en polvo

100 g de azúcar glas

50 ml de leche desnatada y sin lactosa

 12 unidades

 45 minutos

 Dificultad: fácil

1 Para la crema: bate la mantequilla a temperatura ambiente con una batidora de varillas. Añade el cacao, bate de nuevo y agrega el azúcar. Remueve hasta que se integren los ingredientes. Vierte la leche y mezcla, batiendo a baja velocidad, unos instantes. Dispón la crema en una manga pastelera con la boquilla rizada.

2 Para los cupcakes: tamiza la harina con el preparado de repostería, la levadura, el bicarbonato y la sal en un bol grande. Añade la fécula de patata, el azúcar, la goma xantana y el cacao. Remueve hasta que se integren.

3 Aparte, mezcla el aceite, el huevo, el agua y la leche. Añade esta masa a la mezcla seca y remueve bien hasta obtener una pasta homogénea.

4 Reparte la masa en moldes para cupcakes y llénalos solo hasta 2/3 partes de su capacidad. Hornéalos a 170° unos 20 minutos hasta que se dore la superficie. Sácalos del horno, déjalos templar unos minutos y desmóldalos. Luego, decóralos con la crema haciendo pequeños rosetones en la superficie del cupcake ya frío.

CUPCAKES

CHOCOLATE Y CREMA DE CACAHUETE

INGREDIENTES

Para el cupcake:

100 ml de aceite de girasol o de oliva suave
220 g de azúcar de abedul
90 g de harina de arroz
140 g de fécula de patata
20 g de preparado de repostería sin gluten y sin lactosa
50 g de cacao en polvo
7 g de levadura sin gluten
5 g de bicarbonato
una pizca de sal
2 g de goma xantana
1 huevo
140 ml de leche desnatada y sin lactosa
170 ml de agua

Para la crema de cacahuete:

100 g de mantequilla
25 g de crema de cacahuete
25 g de cacao puro
100 g de azúcar glas
50 ml de leche desnatada y sin lactosa

....

 12 unidades

 45 minutos

 Dificultad: fácil

1 Para la crema de cacahuete: bate la mantequilla con la crema de cacahuete con una batidora de varillas. Añade el cacao y el azúcar glas, y vuelve a batir hasta que se integre todo. En caso de que quede muy espesa, añade los 50 ml de leche. Dispón la crema en una manga pastelera con la boquilla rizada.

2 Para los cupcakes: tamiza la harina con el preparado de repostería, la levadura y el bicarbonato en un recipiente grande. Añade la fécula, el azúcar, la goma xantana, el cacao y la sal. Remueve hasta obtener una masa homogénea.

3 En otro bol, mezcla el aceite, el huevo, el agua y la leche. Añade esta masa a la seca y remueve bien hasta conseguir una masa lisa. Precalienta el horno a 170°.

4 Reparte la masa en moldes para cupcakes y llénalos solo hasta 2/3 partes de su capacidad. Hornéalos a 170° unos 20 minutos, hasta que se dore la superficie. Sácalos del horno, déjalos templar unos minutos y desmóldalos. Luego, decóralos con un rosetón de crema de cacahuete sobre el cupcake frío.

CUPCAKES

LIMA LIMÓN

INGREDIENTES

Para el cupcake:
200 g de azúcar de abedul
90 g de harina de arroz
75 g de preparado de repostería sin gluten y sin lactosa
40 g de fécula de patata
7 g de levadura sin gluten
5 g de bicarbonato
una pizca de sal
2 g de goma xantana
1 huevo
140 ml de leche desnatada y sin lactosa
100 ml de aceite de girasol o de oliva suave
110 ml de agua
la ralladura de 1 limón
el zumo de ½ limón
1 lima

Para la crema de lima:
150 g de mantequilla sin sal
el zumo de 1 lima
la ralladura de 1 lima
225 g de azúcar glas
unas gotas de colorante verde

....

 12 unidades

 45 minutos

 Dificultad: fácil

1 Para la crema: bate la mantequilla a temperatura ambiente con el colorante, el zumo y la ralladura. Añade después el azúcar y vuelve a batir hasta que se integre. Disponla en una manga pastelera con la boquilla rizada.

2 Para los cupcakes: tamiza la harina con el preparado de repostería, la levadura y el bicarbonato en un bol grande. Añade la fécula, el azúcar, la goma xantana y la sal. Remueve hasta obtener una masa homogénea.

3 Aparte, mezcla el aceite, el huevo, el agua, la ralladura y la leche. Añade esta masa a la mezcla seca y remueve bien hasta obtener una preparación lisa. Precalienta el horno a 170°.

4 Reparte la masa en moldes para cupcakes y llénalos solo hasta 2/3 partes de su capacidad. Hornéalos a 170° unos 20 minutos, hasta que se dore la superficie. Sácalos del horno, déjalos templar unos minutos y desmóldalos. Lava la lima, sécala y córtala por la mitad. Parte unas rodajitas finas y córtalas por la mitad.
Decora la superficie del cupcake frío con un rosetón de la crema de lima y con las rodajitas de lima formando una flor.

CUPCAKES

LIMÓN Y MERENGUE

INGREDIENTES

Para el cupcake:

220 g de azúcar de abedul

90 g de harina de arroz

75 g de preparado de repostería sin gluten y sin lactosa

40 g de fécula de patata

7 g de levadura sin gluten

5 g de bicarbonato

una pizca de sal

2 g de goma xantana

1 huevo

140 ml de leche desnatada y sin lactosa

100 ml de aceite de girasol o de oliva suave

100 ml de agua

la ralladura de 1 limón

el zumo de ½ limón

Para el merengue:

2 claras de huevo

100 g de azúcar de abedul

....

 12 unidades

 45 minutos

 Dificultad: fácil

1 Para los cupcakes: tamiza la harina con el preparado de repostería, la levadura y el bicarbonato en un recipiente. Añade la fécula, el azúcar, la goma xantana y la sal. Remueve hasta obtener una masa homogénea.

2 Aparte, mezcla el aceite, el huevo, el agua, el zumo, la ralladura y la leche. Mezcla esta masa con la seca y remueve bien hasta que se integren. Precalienta el horno a 170°.

3 Reparte la masa en moldes para cupcakes y llénalos solo hasta 2/3 partes de su capacidad. Hornéalos a 170° unos 20 minutos, hasta que se dore la superficie. Sácalos del horno, déjalos templar unos minutos y desmóldalos.

4 Para el merengue: con la batidora de varillas bate las claras con el azúcar y monta a punto de nieve, a máxima velocidad. Disponla en una manga pastelera con la boquilla rizada. Decora la superficie del cupcake frío con un rosetón de merengue. Gratínalo unos 3 minutos y déjalos enfriar fuera del horno.

CUPCAKES

CHOCOLATE Y FRAMBUESA

INGREDIENTES

Para el cupcake:

100 ml de aceite de girasol o de oliva suave
220 g de azúcar de abedul
90 g de harina de arroz
140 g de fécula de patata
20 g de preparado de repostería sin gluten y sin lactosa
50 g de cacao en polvo
7 g de levadura sin gluten
5 g de bicarbonato
una pizca de sal
2 g de goma xantana
400 ml de agua

Para decorar:

60 g de mermelada de frambuesa o de fresa sin azúcar
36 frambuesas

1 Para los cupcakes: tamiza la harina con el preparado de repostería, la levadura y el bicarbonato en un bol grande. Añade la fécula, el azúcar, el cacao, la goma xantana y la sal. Remueve hasta que se integren los ingredientes.

2 Aparte, mezcla el aceite con el agua. Añade esta masa a la seca y remueve bien hasta obtener una masa lisa. Precalienta el horno a 170°.

3 Reparte la masa en moldes para cupcakes y llénalos solo hasta 2/3 partes de su capacidad. Hornéalos a 170°unos 20 minutos, hasta que se dore la superficie. Retíralos, déjalos templar unos minutos y desmóldalos. Decora la superficie del cupcake frío con un poco de mermelada y con frambuesas lavadas.

 12 unidades

 45 minutos

Dificultad: fácil

CUPCAKES

RED VELVET

INGREDIENTES

Para el cupcake:
200 g de azúcar de abedul
90 g de harina de arroz
80 g de preparado de repostería sin gluten y sin lactosa
40 g de fécula de patata
9 g de levadura sin gluten
una pizca de sal
2 g de goma xantana
1 huevo
140 ml de leche desnatada y sin lactosa
100 ml de aceite de girasol o de aceite de oliva suave
140 ml de agua
12 g de colorante rojo
5 g de pasta de vainilla Bourbon natural
1 cucharadita de vinagre

Para la crema:
80 g de mantequilla
60 g de queso blanco cremoso
225 g de azúcar glas

....

 12 unidades

 45 minutos

 Dificultad: fácil

1 Para la crema: bate la mantequilla a temperatura ambiente con el queso hasta que se mezclen por completo. Añade el azúcar y sigue batiendo hasta que se integre. Disponla en una manga pastelera con la boquilla de pétalo.

2 Para los cupcakes: tamiza la harina con el preparado de repostería y la levadura en un bol grande. Añade la fécula de patata, el azúcar, la goma xantana y la sal. Remueve hasta que se integren los ingredientes.

3 Aparte, mezcla el aceite con la leche, el huevo, el vinagre, el colorante, el agua y la pasta de vainilla. Añade esta masa a la seca y remueve bien hasta conseguir una masa lisa. Precalienta el horno a 170°.

4 Reparte la masa en moldes para cupcakes y llénalos solo hasta 2/3 partes de su capacidad. Hornéalos a 170° unos 20 minutos, hasta que se dore la superficie. Sácalos del horno, déjalos templar unos minutos y desmóldalos. Decora la superficie del cupcake frío con la crema de queso, dándole forma de rosa.

CUPCAKES
VAINILLA Y MASCARPONE

INGREDIENTES

Para el cupcake:
200 g de azúcar de abedul
90 g de harina de arroz
70 g de preparado de repostería sin gluten y sin lactosa
40 g de fécula de patata
7 g de levadura sin gluten
5 g de bicarbonato
una pizca de sal
2 g de goma xantana
1 huevo
140 ml de leche desnatada y sin lactosa
100 ml de aceite de girasol o de oliva suave
140 ml de agua
5 g pasta de vainilla Bourbon natural

Para la crema:
5 g de pasta de vainilla Bourbon natural
150 g de nata para montar
200 g de queso mascarpone
60 g de azúcar glas

Para decorar:
12 frambuesas

....

 12 unidades

 45 minutos

 Dificultad: fácil

1 Para la crema: monta la nata con el queso, el azúcar y la pasta de vainilla. Disponla en una manga pastelera con la boquilla estriada y déjala en la nevera.

2 Para los cupcakes: tamiza la harina con el preparado de repostería, la levadura y el bicarbonato en un recipiente grande. Añade la fécula de patata, el azúcar, la goma xantana y la sal. Remueve hasta conseguir que se integren los ingredientes.

3 Aparte, mezcla el aceite con la leche, el huevo, el agua y la pasta de vainilla. Añade esta masa a la seca y remueve bien hasta obtener una masa lisa. Precalienta el horno a 170°.

4 Reparte la masa en moldes para cupcakes y llénalos solo hasta 2/3 partes de su capacidad. Hornéalos a 170° unos 20 minutos, hasta que se dore la superficie. Sácalos del horno, déjalos templar unos minutos y desmóldalos. Decora la superficie del cupcake frío con un rosetón de la crema mascarpone con una frambuesa lavada.

CUPCAKES

CHOCOLATE Y MASCARPONE

INGREDIENTES

Para el cupcake:
90 g de harina de arroz
50 g de cacao en polvo
20 g de preparado de repostería sin gluten y sin lactosa
1 huevo
140 ml de leche desnatada y sin lactosa
100 ml de aceite girasol o de oliva suave
55 ml de sirope de agave
170 ml de agua
7 g de levadura sin gluten
5 g de bicarbonato
una pizca de sal
2 g de goma xantana

Para la crema:
150 g de nata para montar
200 g de queso mascarpone
5 ml de estevia

....

 12 unidades

 45 minutos

 Dificultad: fácil

1 Para la crema: monta el queso con la nata y la estevia. Disponla en una manga pastelera de boquilla rizada.

2 Para los cupcakes: tamiza la harina con el preparado de repostería, la levadura y el bicarbonato en un bol grande. Añade la goma xantana, el cacao y la sal. Remueve hasta que se integren.

3 Aparte, mezcla el aceite, el huevo, el agua, el sirope de agave y la leche. Añade esta masa a la seca y remueve bien hasta obtener una masa lisa. Precalienta el horno a 170°.

4 Reparte la masa en moldes para cupcakes y llénalos solo hasta 2/3 partes de su capacidad. Hornéalos a 170° unos 20 minutos, hasta que se dore la superficie. Sácalos del horno, déjalos templar unos minutos y desmóldalos. Luego decora los cupcakes ya fríos con rosetones de la crema de mascarpone.

CUPCAKES

CHOCOLATE Y FRESA

INGREDIENTES

Para el cupcake:
90 g de harina de arroz
50 g de cacao en polvo
20 g de preparado de repostería sin gluten y sin lactosa
1 huevo
140 ml de leche desnatada y sin lactosa
100 ml de aceite girasol o de oliva suave
55 g de sirope de agave
170 ml de agua
7 g de levadura sin gluten
5 g de bicarbonato
una pizca de sal
2 g de goma xantana

Para decorar:
60 g de mermelada de fresa sin azúcar
12 fresas

 12 unidades

 45 minutos

 Dificultad: fácil

1 Para los cupcakes: tamiza la harina con el preparado de repostería, la levadura y el bicarbonato en un recipiente grande. Añade la goma xantana, el cacao y la sal. Remueve hasta que se integren todos los ingredientes.

2 Aparte, mezcla el aceite, el huevo, el agua, el sirope de agave y la leche. Añade esta masa a la mezcla seca y remueve bien hasta obtener una masa homogénea. Precalienta el horno a 170°.

3 Reparte la masa en moldes para cupcakes y llénalos solo hasta 2/3 partes de su capacidad. Hornéalos a 170° unos 20 minutos, hasta que se dore la superficie. Sácalos del horno, déjalos templar unos minutos y desmóldalos. Luego decóralos con un poco de mermelada y con una fresa lavada y partida en gajitos.

CAKES

Triple chocolate

Para el bizcocho:
190 g de azúcar de abedul
100 g de harina de arroz
45 g de fécula de patata
20 g de preparado de repostería sin gluten y sin lactosa
60 g de cacao en polvo
8 g de levadura sin gluten
6 g de bicarbonato
5 g de sal
3 g de goma xantana
120 ml de aceite de girasol o de oliva suave
450 ml de agua

Para la crema vegana de chocolate:
100 g de margarina
20 g de cacao
180 g de azúcar glas

Para la crema vegana de vainilla:
35 g de margarina
85 g de azúcar glas
5 g de pasta concentrada natural de vainilla de Bourbon

 1 tarta (10-12 raciones)

 1 hora 10 minutos

 Dificultad: fácil

1 Para el bizcocho: tamiza la harina con el preparado de repostería, la levadura y el bicarbonato en un recipiente. Añade la fécula, el cacao, la goma xantana, el azúcar y la sal. Remueve bien hasta que se integren. Precalienta el horno a 180°.

2 Mezcla aparte el aceite y el agua. Incorpora la masa anterior a esta y remueve hasta que se integren. Viértela en un molde redondo desmontable de 27 cm de diámetro y cuécela 45 minutos en el horno precalentado a 180°.

3 Mientras tanto prepara las cremas. Bate los ingredientes de ambas por separado. Dispón ambas cremas en sendas mangas pasteleras con boquilla rizada. Reserva un poco de la mezcla de chocolate que usarás para decorar.

4 Desmolda el bizcocho cuando esté frío, pártelo por la mitad longitudinalmente y monta la tarta alternando capas de bizcocho con la crema de chocolate. Cubre la tarta con una parte de la crema de chocolate reservada y decora el borde con el resto de la crema de chocolate y con la de vainilla formando rosetones.

50

CAKES

Key lime

Para la base:
200 g de mantequilla sin sal
450 g de galletas María sin gluten
20 g de maicena
una pizca de canela

Para la crema:
800 g de leche condensada
unas gotas de colorante verde
2 limas
8 yemas de huevo

Para decorar:
2 limas

 1 tarta (10-12 raciones)

 40 minutos

 Dificultad: fácil

1 Para la base: ablanda la mantequilla. Pon las galletas en una bolsa de plástico, ciérrala y tritúrala con un rodillo. Luego, mézclalas con la mantequilla, la maicena y la canela, y trabájala hasta obtener una pasta. Forra con ella la base de un molde redondo desmontable de unos 27 cm de diámetro, presionándola un poco para que se adhiera bien. Precalienta el horno a 180°.

2 Para la crema: ralla las limas y exprímelas. Bate la leche condensada con la ralladura de lima, el zumo, el colorante y las yemas hasta formar una pasta homogénea. Vierte esta preparación sobre la base de galletas y hornéala aproximadamente 20 minutos.

3 Sácala del horno, déjala templar y desmóldala. Para decorar, lava las limas, sécalas y córtalas en rodajitas longitudinales. Repártelas sobre la superficie de la tarta y sírvela fría.

CAKES

Red velvet

Para el bizcocho:
170 g de azúcar de abedul
160 g de harina de arroz
90 g de maicena
45 g de fécula de patata
10 g de levadura sin gluten
5 g de sal
3 g de goma xantana
1 huevo grande
160 ml de leche desnatada y sin lactosa
110 ml de aceite de girasol o de oliva suave
170 ml de agua
15 g de colorante rojo
20 g de pasta de vainilla Bourbon
un chorrito de vinagre

Para la crema:
80 g de mantequilla sin sal
60 g de queso blanco cremoso
225 g de azúcar glas

Para decorar:
2 o 3 fresas

 1 tarta (10-12 raciones)

 1 hora

 Dificultad: fácil

1 Para el bizcocho: tamiza la harina con la levadura y la maicena en un recipiente. Añade la fécula, la goma xantana, 10 g de la pasta de vainilla, el azúcar y la sal. Remueve bien hasta que se integren. Precalienta el horno a 180°.

2 Mezcla aparte el aceite, el agua, la leche, el vinagre, el resto de la pasta de vainilla, el huevo batido y el colorante. Incorpora esta masa a la anterior y remueve hasta que se integren. Viértela en un molde redondo desmontable de unos 27 cm de diámetro. Hornea la tarta durante 35 o 40 minutos.

3 Mientras, prepara la crema. Bate la mantequilla con el queso. Añade el azúcar y vuelve a batir hasta que se mezclen. Dispón la crema en una manga pastelera con boquilla rizada.

4 Desmolda el bizcocho cuando este frío, pártelo longitudinalmente en dos o tres piezas y monta la tarta alternando capas de bizcocho y de crema de queso. Cubre toda la tarta con crema de queso y decórala con las fresas lavadas y picadas.

CAKES

Tarta de Santiago

Para el bizcocho:
150 g harina de almendra
190 g de azúcar de abedul
1 limón
6 g de levadura sin gluten
6 huevos
10 g de margarina

Para decorar:
azúcar glas

 1 tarta (8-10 raciones)

 1 hora 10 minutos

 Dificultad: fácil

1 Lava, seca y ralla el limón. Mezcla la ralladura con la harina de almendra, la levadura y el azúcar hasta que se integren bien. Luego añade los huevos, de uno en uno, sin dejar de remover, hasta obtener una masa homogénea. Precalienta el horno a 170°.

2 Unta un molde redondo desmontable con la margarina y vierte en él la masa. Hornéala unos 50 minutos, hasta que la superficie este doradita.

3 Recorta en una cartulina una plantilla de la cruz de Santiago. Desmolda la tarta cuando esté fría y dibuja sobre la superficie la cruz espolvoreándola con azúcar glas al gusto. Retira la plantilla con cuidado y sírvela.

CAKES

Banoffee

INGREDIENTES

Para el bizcocho:
120 ml de aceite de girasol o de oliva suave
190 g de azúcar de abedul
90 g de maicena
100 g de harina de arroz
45 g de fécula de patata
8 g de levadura sin gluten
6 g de bicarbonato
5 g de sal
2 g de goma xantana
1 huevo
160 ml de leche desnatada y sin lactosa
160 ml de agua
2 plátanos

Para el relleno:
2 plátanos
40 g de dulce de leche

Para la crema:
170 g de nata
250 g de queso mascarpone
85 g de azúcar glas

 1 tarta (10-12 raciones)

 55 minutos

 Dificultad: fácil

1 Para el bizcocho: tamiza la harina con el bicarbonato, la maicena y la levadura en un bol grande. Añade la fécula de patata, la goma xantana, el azúcar y la sal, y remueve hasta que se integren bien los ingredientes. Precalienta el horno a 180°.

2 Pela los plátanos y tritúralos con la leche en un recipiente hondo. Añade el huevo, el aceite y el agua; remueve hasta echar los líquidos. Incorpora esta mezcla a la masa seca y bate enérgicamente hasta que se integren. Viértela en un molde redondo desmontable de 27 cm de diámetro y hornéalo durante 35 o 40 minutos.

3 Para el relleno: primero pela los plátanos y pártelos en rodajas. Después haz la crema: monta la nata con el queso y el azúcar. Disponla en una manga pastelera con la boquilla rizada y consérvala en la nevera.

4 Desmolda el bizcocho cuando este frío, pártelo por la mitad longitudinalmente y dispón una capa de dulce de leche; luego, distribuye sobre ella las rodajas de plátano hasta cubrir la superficie. Pon encima la otra mitad de bizcocho y decora la superficie y los lados con la crema de queso.

CAKES

Black velvet

INGREDIENTES

Para el bizcocho:
190 g de azúcar de abedul
100 g de harina de arroz
45 g de fécula de patata
20 g de maicena
60 g de cacao
8 g de levadura sin gluten
6 g de bicarbonato
5 g de sal
3 g de goma xantana
1 huevo grande
150 ml de leche desnatada y sin lactosa
120 ml de aceite de girasol o de oliva suave
200 ml de agua

Para la crema de chocolate:
100 g de mantequilla
20 g de cacao
220 g de azúcar de abedul

Para la crema de queso:
80 g de mantequilla
60 g de queso blanco cremoso
220 g de azúcar de abedul

 1 tarta (10-12 raciones)

 50 minutos

 Dificultad: fácil

1 Para el bizcocho: tamiza la harina con la levadura y el bicarbonato en un bol grande. Añade la fécula, el cacao, la goma xantana, el azúcar y la sal. Remueve bien hasta que se integren. Precalienta el horno a 180°.

2 Mezcla aparte el aceite y el agua. Incorpora esta mezcla a la masa seca y remueve hasta que se integren. Viértela en un molde redondo desmontable de 27 cm de diámetro y hornéala durante 40 minutos.

3 Mientras, prepara las cremas de chocolate y queso. Bate los ingredientes de ambas por separado, disponlas en dos mangas pasteleras con la boquilla rizada y consérvalas en la nevera.

4 Desmolda el bizcocho cuando este frío y pártelo por la mitad longitudinalmente. Reparte la crema de chocolate reservando una parte para decorar, pon encima el otro disco de bizcocho y dispón en la parte superior la crema de queso, alisándola con la espátula. Decora los bordes con el resto de la crema de queso y con el sobrante de la crema de chocolate haz unos rosetones.

CAKES

Celiciosa tarta de queso

INGREDIENTES

Para el relleno de queso:
600 g de queso blanco cremoso
200 g de azúcar de abedul
250 ml de leche desnatada y sin lactosa
3 huevos

Para la base:
125 g de mantequilla sin sal
225 g de galletas María sin gluten
10 g de maicena
una pizca de canela molida

Para decorar:
125 g de mermelada de frambuesa
12 frambuesas

 1 tarta (10-12 raciones)

 40 minutos

 Dificultad: fácil

1 Ablanda la mantequilla y mézclala con las galletas trituradas, la maicena y la canela. Trabaja la masa hasta obtener una pasta. Forra con ella la base de un molde redondo desmontable de unos 27 cm de diámetro, y presiónala un poco para que se adhiera.

2 Para el relleno: bate el azúcar con queso y luego añade la leche y los huevos uno a uno. Mézclalos hasta que la masa quede cremosa. Precalienta el horno a 180°.

3 Vierte la preparación anterior sobre la base de galleta y cuécela unos 45 minutos en el horno. Retírala, déjala templar y desmóldala. Cubre la superficie con una capa de mermelada y sírvela decorada con las frambuesas lavadas y secas.

CAKES

Zanahoria

INGREDIENTES

Para el bizcocho:
200 g de azúcar moreno
90 g de maicena
105 g de harina de arroz
45 g de fécula de patata
8 g de levadura sin gluten
6 g de bicarbonato
una pizca de sal
3 g de goma xantana
una pizca de canela
una pizca de jengibre
una pizca de nuez moscada
1 huevo grande
160 ml de leche desnatada y sin lactosa
120 ml de aceite de girasol o de oliva suave
160 ml de agua
215 g de zanahoria

Para la crema:
80 g de mantequilla
60 g de queso blanco cremoso
220 g de azúcar glas
unas gotas de colorante naranja
unas gotas de colorante verde

 1 tarta (10-12 raciones)

 50 minutos

 Dificultad: fácil

1 Para el bizcocho: tamiza la harina con la levadura, el bicarbonato y la maicena en un bol grande. Añade la fécula de patata, la goma xantana, el jengibre, la nuez moscada, la canela, el azúcar y la sal. Remueve bien hasta que se integren todos los ingredientes. Precalienta el horno a 180°.

2 Tritura la zanahoria con la leche, luego añade el aceite, el agua y el huevo batido. Incorpora esta masa a la anterior y remueve hasta que se integren. Viértela en un molde redondo desmontable de 27 cm de diámetro y hornéala durante 40 minutos.

3 Para la crema: bate el queso con la mantequilla ablandada y luego con el azúcar. Reserva una parte y divide esta en dos. Mezcla una con el colorante naranja y otra con el verde.

4 Usa la crema de queso para cubrir toda la tarta. Para decorar introduce la crema verde en una manga con boquilla de hoja y la crema naranja en una manga con boquilla lisa y haz dibujos de zanahoria.

CAKES

Tarta de limón

INGREDIENTES

Para la base:
90 g de mantequilla sin sal
10 g de azúcar de abedul
1 huevo
100 g de harina de arroz
50 g de maicena
10 g de fécula de patata
4 g de sal
2 g de goma xantana

Para la crema:
la ralladura de 1 limón
el zumo de 1 limón
500 g de leche condensada
100 g de yema de huevo
pasteurizada

Para el merengue:
4 claras de huevo
190 g de azúcar de abedul

 1 tarta (10-12 raciones)

 40 minutos

 Dificultad: difícil

1 Para la base: tamiza la harina con la maicena y la sal en un recipiente. Añade la fécula, la goma xantana, la mantequilla, el huevo y el azúcar. Amasa bien hasta que se integren. Precalienta el horno a 180°.

2 Una vez tenemos la masa integrada, estírala encima de una mesa o base, sobre papel film, con un rodillo hasta conseguir un círculo de unos 35 cm de diámetro. Luego con cuidado forra el fondo y las paredes del molde con la masa.

3 Hornea esta base unos 10 minutos a 180° y déjala enfriar.

4 Prepara la crema: bate todos los ingredientes hasta que se integren, vierte esta preparación sobre la base y vuelve a hornear unos 15 o 20 minutos a la misma temperatura. Deja enfriar.

5 Mientras tanto, prepara el merengue: bate las claras con el azúcar a punto de nieve con ayuda de la batidora de varillas a máxima velocidad. Disponlo en una manga pastelera con la boquilla rizada y déjalo en la nevera.

6 Reparte una buena capa de merengue por la superficie de la tarta en forma de rosetones y gratina de nuevo unos 5 minutos hasta que se dore el merengue. Sírvela fría.

CAKES

Tiramisú

INGREDIENTES

Para el bizcocho:
170 g de azúcar de abedul
100 g de harina de arroz
80 g de maicena
45 g de fécula de patata
10 g de levadura sin gluten
5 g de bicarbonato
una pizca de sal
3 g de goma xantana
1 huevo grande
150 ml de leche desnatada sin lactosa
110 ml de aceite de girasol
160 ml de agua
6 g de pasta de vainilla Bourbon natural

Para el almíbar:
25 ml de licor de avellana
100 ml de café negro

Para la crema de mascarpone:
150 g de nata para montar
200 g de queso mascarpone
50 g de azúcar glas

Para decorar:
cacao y pepitas de chocolate al gusto

 1 tarta (10-12 raciones)

 40 minutos

 Dificultad: difícil

1 Para el bizcocho: tamiza la harina con la levadura, el bicarbonato y la maicena en un bol. Añade la fécula, la goma xantana, la vainilla, el azúcar y la sal. Remueve bien hasta obtener una masa homogénea. Precalienta el horno a 180°.

2 Mezcla, en otro recipiente, el aceite, el agua, la leche y el huevo batido. Incorpora esta mezcla a la del bizcocho y remueve hasta que ambas se integren. Viértela en un molde redondo desmontable de unos 27 cm de diámetro y hornéala durante unos 40 minutos, hasta que al introducir un tenedor no sientas que la masa está líquida.

3 Mientras, prepara la crema. Monta la nata con el queso y el azúcar. Disponla en una manga pastelera con la boquilla estriada y déjala en la nevera.

4 Desmolda el bizcocho cuando este frío, pártelo por la mitad longitudinalmente y baña ambas mitades en una mezcla de café y licor. Monta la tarta alternando capas de bizcocho y crema de queso. Reparte el resto de la crema por la superficie y sírvela espolvoreada con cacao y con las pepitas de chocolate.

CAKES

Crudivegana de chocolate

INGREDIENTES

Para la base:
300 g de coco rallado
300 g de nueces peladas y picadas
300 g de pasas sultanas
50 ml de aceite de coco ecológico
una pizca de sal
una pizca de canela
1 cucharadita de aceite de girasol

Para el relleno:
360 g de aguacate
4 plátanos pequeños
135 g de cacao
80 ml de aceite de coco ecológico
160 ml de sirope de agave
15 g de pasta concentrada natural de vainilla Bourbon

Para decorar:
12 fresas
unas hojas de menta

 1 tarta (10-12 raciones)

 40 minutos

Dificultad: media

1 Tritura el coco con las nueces y las pasas e incorpora poco a poco el aceite de coco. Remueve hasta obtener una masa uniforme. Añade la pizca de canela y la sal a la masa y vuelve a remover. Engrasa la base de un molde redondo desmontable de unos 27 cm de diámetro con el aceite de girasol y dispón la preparación sobre ella, nivelándola con una espátula.

2 Deja el molde con la masa en la nevera unos 15 minutos hasta que se endurezca ligeramente.

3 Prepara el relleno: pela los plátanos y el aguacate, retira el hueso de este y tritúralos con el cacao, el sirope de agave, la pasta de vainilla y el aceite de coco. Vierte esta masa sobre la base y deja de nuevo en la nevera hasta que cuaje, aproximadamente 40 minutos. Sírvela decorada con las fresas lavadas y cortadas en láminas y las hojas de menta.

CAKES

Chocolate y frambuesa

INGREDIENTES

Para el bizcocho:
190 g de azúcar de abedul
100 g de harina de arroz
45 g de fécula de patata
20 g de preparado de repostería sin gluten y sin lactosa
60 g de cacao en polvo
8 g de levadura sin gluten
6 g de bicarbonato
5 g de sal
3 g de goma xantana
120 ml de aceite de girasol o de oliva suave
450 ml de agua

Para relleno:
200 g de mermelada de frambuesa sin azúcar

Para decorar:
150 g de mermelada de frambuesa sin azúcar
24 frambuesas

1 Para el bizcocho: tamiza la harina con el preparado de repostería, la levadura y el bicarbonato en un recipiente. Añade la fécula, el cacao, la goma xantana, el azúcar y la sal. Remueve bien hasta que se integren bien todos los ingredientes. Precalienta el horno a 180°.

2 Mezcla aparte el aceite y el agua. Incorpora la masa anterior a esta y remueve hasta que se homogeneice. Viértela en un molde redondo desmontable de 27 cm de diámetro y cuécela 45 minutos en el horno precalentado a 180°.

3 Retira la tarta del horno y déjala enfriar. Parte el bizcocho longitudinalmente y unta una parte con la mermelada de frambuesa del relleno. Pon encima el otro disco de bizcocho y decora la superficie con mermelada de frambuesa. Sírvela decorada con las frambuesas lavadas.

 1 tarta (10-12 raciones)

1 hora

 Dificultad: fácil

CAKES

Crudivegana de plátano y fresa

INGREDIENTES

Para la base:

300 g de coco rallado
300 g de nueces peladas y picadas
300 g de pasas sultanas
50 ml de aceite de coco ecológico
una pizca de sal
una pizca de canela
1 cucharadita de aceite de girasol

Para el relleno:

3 plátanos
300 g de fresas
115 g de sirope de agave
100 g de harina de almendras
80 ml de aceite de coco ecológico
8 g de goma xantana
el zumo de 1 limón
45 g de coco rallado

Para decorar:

12 fresas

 1 tarta (10-12 raciones)

 40 minutos

 Dificultad: fácil

1 Tritura el coco, las nueces y las pasas e incorpora lentamente el aceite de coco, sin dejar de triturar, hasta obtener una masa uniforme. Después, añade la pizca de canela y de sal. Engrasa la base de un molde redondo desmontable de unos 27 cm de diámetro con el aceite de girasol y dispón la preparación anterior sobre ella, nivelándola con una espátula.

2 Déjala en la nevera unos 15 minutos hasta que se endurezca ligeramente.

3 Prepara el relleno: pela los plátanos y lava las fresas. Tritúralos con el resto de ingredientes. Vierte esta masa sobre la base y deja de nuevo en la nevera hasta que cuaje, aproximadamente 40 minutos. Sírvela decorada con las fresas lavadas y cortadas en láminas.

CAKES

Brownies

INGREDIENTES

15 g de mantequilla
1 cucharada de harina de arroz

Para el clásico de chocolate:
180 g de azúcar de abedul
110 g de cacao
350 g de chocolate al 52% de cacao
5 huevos
200 g de mantequilla sin sal
una pizca de sal

Para el blanco con nueces de macadamia:
300 g de chocolate blanco
100 g de mantequilla sin sal
130 g de preparado de repostería sin gluten y sin lactosa
85 g de azúcar de abedul
3 huevos pequeños
150 g de nueces de macadamia

1 Para el clásico: unta un molde redondo de 27 cm con la mantequilla y espolvoréalo con la harina de arroz. Casca los huevos separando las yemas de las claras. Monta estas a punto de nieve con la sal. Bate las yemas con el azúcar. Funde el chocolate con la mantequilla, añade el cacao y remueve. Incorpora la mezcla de las yemas y bate hasta que se integren; después añade las claras montadas con movimientos envolventes. Vierte esta preparación en el molde.

2 Para el blanco con nueces de macadamia, sigue los mismos pasos, pero sustituye el cacao por el preparado de repostería y agrega las nueces picadas.

3 Introduce el molde en el horno precalentado a 180° durante 40 minutos, hasta que la superficie esté crujiente. Retíralo y déjalo templar. Desmóldalo y sírvelo troceado.

 1 pieza de cada (10-12 raciones)

 1 ½ hora

 Dificultad: fácil

dulces

Macarons

De vainilla, 82

De champán con frambuesa, 85

De chocolate blanco, 86

Alfajores

De dulce de leche y coco
y crema de cacao, 89

Palmeras

De azúcar y chocolate, 90

Cookies

De crema de cacahuete, 92

Sin lactosa, 95

Bizcochos

De plátano, 96

De chocolate sin azúcar, 99

De zanahoria, 100

Bowls

De crema de queso con dulce de leche
y con mermelada, 103

Açai con frutas y semillas de chía, 104

De papaya, 107

De frambuesas y arándanos, 108

De té matcha, 111

Pancakes

Pancakes, 112

macarons

De vainilla

100 g de almendra molida
100 g de azúcar glas
90 g de claras de huevo
50 ml de agua
100 g de azúcar de abedul
unas gotas de colorante
líquido azul

Para el relleno:
100 g de almendra molida
75 g de azúcar de abedul
40 ml de agua
1 yema de huevo
1 huevo
65 g de margarina
7 g de pasta concentrada
natural de vainilla Bourbon
1 g de colorante blanco en
polvo
10 gotas de esencia de
vainilla

 15 unidades

 2 horas

 Dificultad: alta

1 Cuece, a temperatura bajita, el azúcar de abedul, hasta que se disuelva. Comprueba la temperatura del almíbar con un termómetro; cuando marque 110º, monta la mitad de las claras a velocidad media. Cuando el almíbar alcance 117 o 120º, retira, baja la velocidad de la batidora y agrega el almíbar a las claras, en un hilo. Aumenta la velocidad para refrescar el merengue.

2 Tamiza la almendra con el azúcar glas. Agrega el resto de las claras y las gotas de colorante azul, y remueve hasta obtener una pasta espesa. Incorpora una pequeña cantidad de merengue a la pasta de almendras y mezcla con movimientos envolventes. Añade el resto del merengue y mezcla, hasta obtener una pasta brillante y un poco fluida.

3 Precalienta el horno a 150º. Rellena una manga pastelera de boquilla lisa con la mezcla anterior y forma conchas de 5 cm de diámetro. Ponlas sobre papel vegetal y golpea con suavidad la bandeja. Deja reposar hasta que se forme una corteza en la superficie de las conchas. Hornéalas de 13 a 15 minutos; cuando lleven 7 minutos gira la bandeja. Retira y deja enfriar en una rejilla 1 hora.

4 Para el relleno: prepara una crema de margarina. Haz un almíbar: cuece el azúcar de abedul con el agua hasta que alcance 117-120º. Bate las yemas a velocidad máxima con el huevo, baja la velocidad e incorpora el almíbar en un hilo, sin dejar de batir. Añade la margarina ablandada y bate a máxima velocidad. Cubre con film y deja en la nevera. A esta crema, añádele la pasta de vainilla Bourbon, la almendra molida, el colorante blanco y la esencia de vainilla. Remueve, tapa con film y deja 4 horas en la nevera. Rellena las conchas con la crema y déjalas en la nevera 24 horas.

macarons

De champán con frambuesa

INGREDIENTES

100 g de almendra molida
100 g de azúcar glas
90 g de claras de huevo
50 ml de agua
100 g de azúcar de abedul
7 gotas de esencia de champán
7 g de colorante amarillo en pasta

Para el relleno:
150 g de chocolate blanco
75 ml de nata líquida
7 gotas de esencia de frambuesa
una pizca de colorante rojo

 15 unidades

 2 horas

 Dificultad: alta

1 Cuece, a temperatura bajita, el azúcar de abedul, hasta que se disuelva. Comprueba la temperatura del almíbar con un termómetro; cuando marque 110°, monta la mitad de las claras a velocidad media. Cuando el almíbar alcance 117 o 120°, retira, baja la velocidad de la batidora y agrega el almíbar a las claras, en un hilo. Aumenta la velocidad para refrescar el merengue.

2 Tamiza la almendra en polvo con el azúcar glas. Agrega el resto de las claras de huevo, las gotas de esencia de champagne y el resto del colorante en pasta y remueve hasta obtener una pasta espesa. Incorpora una pequeña cantidad de merengue a la pasta de almendras y mezcla con movimientos envolventes. Añade el resto del merengue y mezcla de nuevo, hasta obtener una pasta brillante y fluida.

3 Precalienta el horno a 150°. Rellena una manga pastelera con la boquilla lisa con la mezcla anterior y forma pequeñas conchas de 5 cm de diámetro. Ponlas sobre papel vegetal, separadas entre sí, y luego golpea con suavidad la bandeja. Deja reposar a temperatura ambiente hasta que se forme una corteza en la superficie de las conchas. Hornéalas de 13 a 15 minutos; cuando lleven 7 minutos en el horno, gira la bandeja. Sácala y deja enfriar en una rejilla 1 hora.

4 Para el relleno: funde el chocolate blanco con la nata líquida. Agrega las gotas de esencia de frambuesa, el colorante rojo y mezcla. Tapa con film y deja 4 horas en la nevera. Rellena las conchas con la crema y déjalas en la nevera 24 horas antes de consumirlas.

macarons

De chocolate blanco

INGREDIENTES

1100 g de almendra molida
100 g de azúcar glas
90 g de claras de huevo
50 ml de agua
100 g de azúcar de abedul
unas virutas de cacao
4 o 5 g de colorante blanco
en polvo

Para el relleno:
190 g de chocolate blanco
80 ml de nata líquida
5 g de colorante blanco en
polvo

....

 15 unidades

 2 horas

 Dificultad: alta

1 Cuece, a temperatura bajita, el azúcar de abedul, hasta que se disuelva. Comprueba la temperatura del almíbar con un termómetro; cuando marque 110°, monta la mitad de las claras a velocidad media. Cuando el almíbar alcance 117 o 120°, retira, baja la velocidad de la batidora y agrega el almíbar a las claras, en un hilo. Aumenta la velocidad para refrescar el merengue.

2 Tamiza la almendra en polvo con el azúcar glas. Agrega el resto de las claras de huevo y el colorante en polvo diluido y remueve hasta obtener una pasta espesa. Incorpora una pequeña cantidad de merengue a la pasta de almendras y mezcla con movimientos envolventes. Añade el resto del merengue y mezcla de nuevo, hasta obtener una masa brillante y un poco fluida.

3 Precalienta el horno a 150°. Rellena una manga pastelera con la boquilla lisa con la mezcla anterior y forma pequeñas conchas de 5 cm de diámetro. Ponlas sobre papel vegetal, separadas entre sí, y luego golpea con suavidad la bandeja. Deja reposar a temperatura ambiente hasta que se forme una corteza en la superficie de las conchas. Hornéalas entre 13 y 15 minutos, cuando lleven 7 minutos, gira la bandeja. Saca la bandeja del horno y deja enfriar en una rejilla durante 1 hora.

4 Para el relleno: funde el chocolate con la nata. Diluye el colorante blanco en polvo y agrégalo. Remueve, tapa con film y deja 4 horas en la nevera. Rellena las conchas con la crema y déjalas en la nevera 24 horas antes de consumirlas. Sírvelas espolvoreadas con unas virutas de cacao.

ALFAJORES

De dulce de leche y coco y crema de cacao

INGREDIENTES

Para las galletas:
75 g de azúcar de abedul
100 g de preparado de repostería sin gluten y sin lactosa
1 huevo
125 g de maicena
la ralladura de ½ limón
6 g de levadura sin gluten
una pizca de sal
una pizca de bicarbonato
45 g de yema de huevo pasteurizada
100 g de mantequilla sin sal

Para el relleno:
100 g de dulce de leche
coco rallado
200 g de crema de cacao con avellanas

 20 unidades

 30 minutos

Dificultad: fácil

1 Mezcla la mantequilla ablandada, el azúcar, las yemas y el huevo en un bol. En otro recipiente, mezcla también la ralladura, el preparado de repostería, el bicarbonato, la levadura, la maicena y la sal.

2 Precalienta el horno a 180°. Mezcla ambas masas y trabájalas hasta obtener una masa homogénea. Estírala con un rodillo del grosor deseado y córtalas con un cortapastas con la forma que prefieras. Disponlas en una bandeja con papel vegetal e introdúcelas durante 15 minutos en el horno.

3 Para el relleno: para los de dulce de leche, unta una galleta con dulce de leche, pon encima la otra galleta y rebózalas en ralladura de coco. Para los de crema de cacao: unta una galleta con la crema y pon encima la otra galleta.

Palmeras

De azúcar y chocolate

INGREDIENTES

Para la receta base:
350 g de mantequilla
350 g de harina panificable sin gluten y sin lactosa
150 ml de agua
una pizca de sal
unas gotas de vinagre
150 g de azúcar de abedul
1 huevo

Para la cobertura:

De chocolate blanco
700 g de chocolate blanco
6 gotas de aceite de girasol

De chocolate negro
700 g de chocolate negro
6 gotas de aceite de girasol

 12 unidades

 1 hora

 Dificultad: media

1 Dispón en el vaso de la amasadora la mantequilla ablandada, el agua, el vinagre, la harina y la sal y amasa unos 10 o 15 minutos con el accesorio en forma de pala. Retírala, ponla sobre film y deja 20 minutos en la nevera.

2 Sácala entonces y estírala con el rodillo dándole forma de rectángulo. Dibuja una línea vertical que divida la masa en dos partes iguales. Coge una mitad y dóblala hacia el centro; haz lo mismo con la otra mitad. Luego, vuelve a doblar la masa por la mitad, sobre sí misma. Déjala de nuevo 20 min en la nevera y repite este proceso tres veces.

3 Retira de la nevera, espolvoréala con azúcar y pásale el rodillo. Repite el proceso anterior una vez más. Para acabar divide el rectángulo obtenido en dos partes iguales y pon una mitad sobre otra.

4 Con un cuchillo afilado, corta la masa en rodajitas y dobla los extremos hacia fuera (así al cocerla en el horno tendrá forma de palmerita). Pincélalas con un poco de huevo batido y cuécelas 30 minutos en el horno precalentado a 180°.

5 Para las coberturas: funde los chocolates por separado con el aceite, pinta unas palmeritas con él o sumérgelas (como prefieras) y resérvalas hasta que se endurezcan.

cookies

De crema de cacahuete

INGREDIENTES

75 de azúcar glas
75 g de azúcar de abedul
7 g de levadura sin gluten
30 g de harina de almendras
150 g de harina panificable sin gluten y sin lactosa
1 huevo
100 g de mantequilla
una pizca de sal
50 g de pepitas de chocolate negro
30 g de crema de cacahuete
una pizca de goma xantana

 10 unidades

 40 minutos

 Dificultad: fácil

1 Mezcla la mantequilla con textura de pomada con los dos tipos de azúcar, la crema de cacahuete, la sal y el huevo.

2 Por otro lado, mezcla también la harina panificable con la de almendra, la levadura y la goma xantana. Une las dos masas hasta que se integren y luego añade las pepitas de chocolate y mezcla 2 minutos. Después, deja que la masa repose en la nevera unos 30 minutos.

3 Luego, recorta la masa con un cortapastas redondo de unos 8 cm de diámetro hasta obtener 10 unidades. Disponlas en la placa forrada con papel vegetal y hornéalas unos 25 minutos en el horno precalentado a 180°, hasta que estén hechas por dentro. Sácalas del horno y déjalas enfriar.

cookies

Sin lactosa

INGREDIENTES

325 g de azúcar de abedul
8 g de bicarbonato
3 g de goma xantana
460 g de harina panificable sin gluten y sin lactosa
1 huevo
8 g de levadura sin gluten
200 g de margarina
8 g de sal

 12 unidades

 45 minutos

 Dificultad: fácil

1 Mezcla la margarina con el huevo y el azúcar de abedul. En otro bol añade la harina, la goma xantana, el bicarbonato, la levadura y la sal.

2 Mezcla las dos preparaciones hasta que se integren y deja 30 minutos en la nevera. Luego, recorta la masa con un cortapastas redondo de 8 cm de diámetro hasta que consigas 10 galletas. Disponlas en la placa forrada con papel vegetal.

3 Cuécelas de 35 a 40 minutos en el horno precalentado a 180°, hasta que estén hechas por dentro. Sácalas del horno y déjalas enfriar.

BIZCOCHOS

De plátano

120 g de azúcar de abedul

60 g de maicena

80 g de harina de arroz

35 g de fécula de patata

6 g de levadura sin gluten

una pizca de bicarbonato

una pizca de sal

2 g de goma xantana

1 huevo

120 ml de leche desnatada y sin lactosa

90 ml de aceite de girasol o de oliva suave

120 ml de agua

2 plátanos

70 g de nueces picadas

Para decorar:

50 g de nueces picadas

1 Tamiza la harina con el bicarbonato, la maicena, la levadura y las nueces en un bol. Añade la fécula de patata, la goma xantana, el azúcar y la sal y remueve bien hasta que se integren todos los ingredientes. Precalienta el horno a 180°.

2 Mezcla aparte el aceite, el agua, la leche, los plátanos triturados y el huevo batido en un recipiente. Incorpora esta mezcla a la anterior y remueve hasta obtener una masa homogénea. Reparte la masa en un molde de bizcocho y decora la superficie con las nueces. Introduce el molde en el horno y deja que se cocine durante 40 minutos. Sácalo del horno, déjalo templar unos minutos y desmóldalo.

 10-12 raciones

 50 minutos

 Dificultad: fácil

BIZCOCHOS

De chocolate sin azúcar

INGREDIENTES

100 g de harina de arroz
60 g de cacao
20 g de preparado de repostería sin gluten y sin lactosa
1 huevo
160 ml de leche desnatada y sin lactosa
100 ml de aceite de girasol o de oliva suave
120 g de sirope de agave
200 ml de agua
8 g de levadura sin gluten
6 g de bicarbonato
una pizca de sal
3 g de goma xantana

1 Tamiza la harina con el preparado de repostería, la levadura y el bicarbonato en un recipiente. Añade la goma xantana y el cacao, poco a poco, removiendo hasta que se integren todos los ingredientes.

2 Aparte, mezcla el aceite, el huevo, el sirope de agave, la leche, el agua y la sal en un recipiente. Añade esta mezcla a la masa anterior y remueve bien hasta que se integren ambas. Precalienta el horno a 180°.

3 Reparte la masa en un molde de bizcocho. Introduce el molde en el horno y deja que se cocine el bizcocho durante 40 minutos. Sácalo del horno, déjalo templar unos minutos y desmóldalo.

 10-12 raciones

 50 minutos

 Dificultad: media

BIZCOCHOS

De zanahoria

INGREDIENTES

200 g de azúcar de abedul

65 g de maicena

80 g de preparado de repostería sin gluten y sin lactosa

40 g de fécula de patata

6 g de levadura sin gluten

5 g de bicarbonato

una pizca de sal

2 g de goma xantana

una pizca de canela

una pizca de jengibre

una pizca de nuez moscada

1 huevo

120 ml de leche desnatada y sin lactosa

90 ml de aceite de girasol o de oliva suave

120 ml de agua

160 g de zanahoria

Para decorar:
½ zanahoria rallada

 10-12 raciones

 50 minutos

 Dificultad: media

1 Tamiza el preparado de repostería con la levadura, el bicarbonato y la maicena en un recipiente. Añade la fécula, la goma xantana, el jengibre, la nuez moscada, la canela, el azúcar y la sal. Remueve bien hasta que se integren. Precalienta el horno a 180°.

2 Mezcla el aceite, el agua, la leche, el huevo batido y la zanahoria triturada en un recipiente. Incorpora esta mezcla a la anterior y remueve hasta que ambas se integren. Reparte la masa en un molde de bizcocho y espolvorea con la zanahoria rallada. Introduce el molde en el horno y deja que se cocine el bizcocho durante 40 minutos. Sácalo del horno, déjalo templar unos minutos y desmóldalo.

BOWLS

De crema de queso con dulce de leche y con mermelada

INGREDIENTES

100 g de galletas tipo María sin gluten
60 g de mantequilla sin sal
una pizca de canela

Para la crema de queso:
200 g de nata para montar, 35% materia grasa
400 g de queso blanco cremoso
60 g de azúcar glas

Para la de dulce de leche:
100 g de dulce de leche

Para la de mermelada de fresa:
100 g de mermelada de fresa
unas hojitas de menta
unas frambuesas

1 Para la crema: monta la nata con el queso y el azúcar. Disponla en una manga pastelera con la boquilla estriada y déjala en la nevera. Tritura las galletas y mézclalas con la mantequilla y la canela. Reparte esta preparación en seis copas. Distribuye sobre las galletas la crema de queso.

2 Para las copas de dulce de leche: introdúcelo en una manga pastelera de boquilla estriada y decora las copas con ella formando pequeñas rosas.

3 Para las copas de mermelada de fresa: cubre la superficie con la mermelada de fresa, añade unas hojitas de menta lavadas y decóralas con las frambuesas lavadas.

 3 de cada

 30 minutos

 Dificultad: fácil

BOWLS

Açai con frutas
y semillas de chía

INGREDIENTES

2 ½ plátanos
90 g de açai congelado
100 ml de leche de almendras
50 g de arándanos
20 g de semillas de chía

....

 1 *bowl*

 10 minutos

 Dificultad: fácil

1 Pela los plátanos y córtalos en rodajas. Reserva medio y los arándanos lavados para decorar.

2 Pasa por la licuadora los 2 plátanos, la leche de almendras y el açai hasta obtener una crema (aproximadamente 2 minutos).

3 Vierte la crema en un bol, decora con el plátano y los arándanos reservados, y añádele por encima las semillas de chía.

BOWLS

De papaya

INGREDIENTES

150 g de papaya
100 ml de leche de almendras
1 plátano
20 g de almendras
10 g de frambuesas
20 g de bayas de goji
30 g de bolitas de chocolate

....

 1 *bowl*

 10 minutos

 Dificultad: fácil

1 Pela la papaya y límpiala de semillas. Pela el plátano y pásalo por la licuadora con la papaya y la leche de almendras durante 2 minutos, hasta obtener una crema.

2 Vierte la crema en una vaso o en una jarrita y decórala con las almendras, las bayas de goji, las frambuesas y las bolitas de chocolate.

BOWLS

De frambuesa y arándanos

INGREDIENTES

25 g de arándanos
25 g de frambuesas
1 plátano
100 ml de leche de almendras
25 g de semillas de chía
15 g de moras
25 g de pistachos

 1 *bowl*

 10 minutos

 Dificultad: fácil

1 Pela el plátano y trocéalo. Pásalo por la licuadora con la leche de almendras, las frambuesas y los arándanos lavados durante 2 minutos, hasta obtener una crema.

2 Vierte la crema en una vaso o en una jarrita y decórala con las semillas de chía, las moras y los pistachos pelados.

BOWLS

De té matcha

INGREDIENTES

2 ½ plátanos
3 g de té matcha
100 ml de leche de almendras
40 g de fresas
20 g de semillas de chía
15 g de pistachos

....

 1 *bowl*

 10 minutos

 Dificultad: fácil

1 Pela los plátanos y córtalos en rodajas.

2 Pasa por la licuadora los 2 plátanos, la leche de almendras y el té matcha, hasta obtener una crema (aproximadamente 2 minutos).

3 Vierte la crema en un bol y añade las fresas y el plátano en la superficie. Espolvorea con las semillas de chía y los pistachos picados.

Pancakes

INGREDIENTES

10 g de preparado de repostería sin gluten y sin lactosa
10 g de azúcar de abedul
una pizca de sal
¼ de limón rallado
1 huevo
30 g de mantequilla
1 cucharadita de leche
una pizca de gasificante de repostería

Para acompañar:

35 g de kiwi – 2 rodajas
25 g de frambuesas – 3 frambuesas
50 g de plátano – 1/2 plátano
80 g de uvas – 6 uvas
15 g de arándanos – 6 arándanos
80 g de manzana – 1 manzana

1 Tamiza el preparado de repostería con la sal y mézclalo con la ralladura de limón y el gasificante. Luego, mezcla aparte el azúcar, 15 g de mantequilla derretida, el huevo y la leche. Remueve bien hasta que se integre todo.

2 Mezcla ambas preparaciones poco a poco sin dejar de remover. Unta una sartén pequeña con la mantequilla restante y vierte un cucharón de la mezcla hasta que el pancake se cuaje por los dos lados. Repite este proceso con el segundo pancake. Disponlos en un plato y déjalos enfriar. Luego, si quieres, decóralos con un poco de nata montada.

3 Lava las frambuesas, las uvas, los arándanos y la manzana. Pela el plátano y el kiwi. Trocea todas las frutas y sírvelas con los pancakes.

 2 pancakes

 30 minutos

 Dificultad: fácil

COFFEE B

GLUTEN FREE CUPCAKE FACTORY

Zumos detox

Glow

1 zanahoria
2 manzanas
2 naranjas

 1 zumo

 5 minutos

 Dificultad: fácil

1 Lava la zanahoria, ráspala y trocéala. Pela, descorazona y trocea también la manzana. Corta una rodaja de naranja y sepárala para la decoración. Pela el resto de las naranjas y elimina el albedo (la parte blanca).

2 Añade las frutas preparadas al vaso de la batidora y pásalas durante 30-45 segundos dependiendo de la potencia de la misma.

3 Vierte el zumo en una jarrita y decórala con la rodaja de naranja.

Green

INGREDIENTES

2 pepinos
2 manzanas
1 lima

....

 1 zumo

 5 minutos

 Dificultad: fácil

1 Lava los pepinos, las manzanas y la lima. Pela y descorazona las manzanas. Trocea los pepinos y las manzanas. Corta una rodaja de lima y resérvala para decorar.

2 Pela la lima y pártela en dados. Dispón las frutas en el vaso de la batidora y pásalas durante 30-45 segundos dependiendo de la potencia de la misma.

3 Vierte el zumo en una jarrita y decórala con la rodaja de lima.

ZUMOS DETOX

Depurativo

INGREDIENTES

½ remolacha
2 manzanas
2 pencas de apio

....

 1 zumo

 5 minutos

 Dificultad: fácil

1 Pela la remolacha y trocéala en daditos. Limpia el apio, lávalo y retira las hebras. Guarda unas hojitas para decorar el zumo y córtalo en pequeñas rodajas.

2 Lava, pela, descorazona y trocea las manzanas. Dispón los ingredientes en la licuadora y pásalos durante 30-45 segundos.

3 Sírvelo en una jarrita decorado con las hojitas de apio.

ZUMOS DETOX

Energy

INGREDIENTES

2 ramitas de apio
2 pepinos
1 limón
unas gotas de jengibre

 1 zumo

 5 minutos

 Dificultad: fácil

1 Lava los pepinos, corta una rodaja y resérvala para la decoración del zumo; trocea el resto de los pepinos.

2 Lava el apio y retira las hebras. Pártelo en pequeñas rodajas. Pela el limón y córtalo en daditos.

3 Pasa todos los ingredientes por la batidora durante 30-45 segundos. Añade el jengibre y licua durante 5 segundos más. Viértelo en una jarrita y decóralo con la rodaja de pepino.

Popeye

INGREDIENTES

7-8 hojas de espinacas
2 manzanas
2 ramitas de apio

....

 1 zumo

 5 minutos

 Dificultad: fácil

1 Lava las hojas de espinacas, sécalas y reserva dos para la decoración. Continúa troceando el resto de las hojas.

2 Lava, pela, descorazona y trocea las manzanas. Lava el apio y retira las hebras. Pártelo en rodajitas. Dispón estos ingredientes en la licuadora y pásalos durante 30 segundos.

3 Luego, pasa todos los ingredientes por la batidora con las espinacas durante 30 segundos, hasta que obtengas un zumo.

4 Vierte el zumo en una jarrita y sírvelo enseguida decorado con las hojitas de espinaca.

ZUMOS DETOX

Fresh

INGREDIENTES

2 manzanas
1 lima
9 hojitas de menta

....

 1 zumo

 5 minutos

Dificultad: fácil

1 Lava, pela, descorazona y trocea las manzanas. Pela la lima y pártela en daditos. Pasa estos ingredientes por la licuadora durante 30 segundos.

2 Lava las hojitas de menta y sécalas muy bien. Reserva 2 para decorar el zumo.

3 Luego, pasa todos los ingredientes por la batidora hasta que obtengas un zumo.

4 Viértelo en una jarrita y sírvelo decorado con las 2 hojas de menta.

ZUMOS DETOX

After party

1 pepino
1 zanahoria
1 ramita de apio
unas ramitas de perejil

 1 zumo

 5 minutos

 Dificultad: fácil

1 Pela el pepino y lava la zanahoria, el perejil y el apio. Seca todo y ponlos en el vaso de la batidora.

2 Bátelos durante 1 minuto, hasta que obtenga una textura de zumo. Viértelo en una jarrita y sírvelo decorado con una rodaja de pepino.

ZUMOS DETOX

Life saver

INGREDIENTES

1 pimiento rojo
4 fresas
el zumo de 2 naranjas
15 ml de sirope de arce
una pizca de cúrcuma
una pizca de pimienta
100 ml de agua de coco

....

 1 zumo

 5 minutos

 Dificultad: fácil

1 Limpia el pimiento y lávalo con las fresas. Introdúcelos en la jarra de la batidora. Añade el zumo de naranja, el sirope, la cúrcuma, la pimienta y el agua de coco.

2 Licúa todo durante 1 minuto. Viértelo en una jarrita y sírvelo decorado con un pimiento rojo pequeño.

Kale forever

INGREDIENTES

30 g de cubitos de hielo
1 manzana
1 plátano
30 g de kale
40 g de semillas de chía

....

 1 zumo

 5 minutos

 Dificultad: fácil

1 Lava la manzana y pásala por la licuadora. Pela el plátano y lava y seca el kale. Ponlos en el vaso de la batidora con el hielo, las semillas de chía y la manzana licuada. Bate todo 1 minuto.

2 Vierte el zumo en una jarrita y sírvelo decorado con unas hojitas de kale.

BB detox

INGREDIENTES

40 g de brócolí
1 plátano
1 cucharadita de espirulina
10 hojas de espinacas baby
250 ml de agua

....

 1 zumo

 5 minutos

 Dificultad: fácil

1 Lava el brócoli (reserva un ramillete para decorar) y las hojas de espinacas. Pela el plátano y trocéalo. Ponlos en el vaso de la batidora con la espirulina y el agua.

2 Licúa durante 1 minuto hasta obtener un zumo. Viértelo en una jarrita y sírvelo decorado con el ramillete de brócoli reservado.

ZUMOS DETOX

Green matcha

INGREDIENTES

½ plátano
½ rodaja de piña
1 manzana
1 rama de apio
unas hojitas de menta
1 cucharadita de té matcha

 1 zumo

 5 minutos

 Dificultad: fácil

1 Pela el plátano y la piña. Limpia el apio y lávalo con la manzana y las hojas de menta. Licúa la manzana.

2 Dispón en el vaso de la batidora el plátano, la manzana licuada, el apio, las hojas de menta y el té matcha. Licúa todo durante 1 minuto y viértelo en una jarrita. Sírvelo decorado con una ramita de apio.

ZUMOS DETOX

Strawberry goji

INGREDIENTES

7 fresas
1 plátano
250 ml de leche de almendras
20 g de bayas de goji

....

 1 zumo

 5 minutos

 Dificultad: fácil

1 Lava 6 fresas, sécalas y pela el plátano. Dispón las frutas en el vaso de la batidora con la leche y las bayas de goji.

2 Licúa durante 1 minuto hasta obtener un zumo. Viértelo en una jarrita y sírvelo decorado con una fresa.

ZUMOS DETOX

Açai con naranja

INGREDIENTES

1 plátano
4 naranjas
90 g de açai congelado
unas hojas de menta
3 frambuesas para decorar

....

 1 zumo

 5 minutos

 Dificultad: fácil

1 Pela el plátano y córtalo en trocitos. Exprime las naranjas hasta obtener 250 ml de zumo.

2 Pasa el zumo, el plátano y el açai por la batidora durante 30-45 segundos.

3 Sirve el batido decorado con las hojas de menta y las frambuesas lavadas.

Ginger power & suicide

INGREDIENTES

GINGER POWER

½ manzana
40 g de jengibre

SUICIDE

85 g de jengibre

 1 vasito de cada sabor

 10 minutos

Dificultad: fácil

1 Ginger power: lava, pela y retira las semillas de la manzana. Luego corta una lámina y trocea el resto. Tritura el jengibre hasta hacerlo puré. Pasa ambos ingredientes por la licuadora hasta obtener un zumo. Viértelo en un vasito y sírvelo decorado con la lámina de manzana.

2 Suicide: tritura el jengibre hasta hacerlo puré. Luego, pásalo por la licuadora hasta obtener un zumo líquido. Viértelo en un vasito.

salados

Nachos aztecas

INGREDIENTES

125 g de totopos de maíz

Para la salsa:
20 g de cebolla
10 g de jalapeños
un trocito de pimiento verde
150 g de salsa de tomate natural
1 cucharadita de aceite de oliva

 2 raciones

 10 minutos

 Dificultad: fácil

1 Pela la cebolla y pícala fina. Limpia el pimiento, lávalo, sécalo bien y pícalo también. Pon a calentar el horno a 160°.

2 Calienta el aceite en una sartén grande, añade la cebolla y póchala unos minutos hasta que alcance una textura blandita. Añade el pimiento y sofríelo unos minutos más.

3 Incorpora los jalapeños lavados y secos y déjalos pochar unos minutos. Añade la salsa de tomate y cuece unos instantes hasta que se integren los sabores.

4 Hornea los totopos unos 3 minutos. Sírvelos enseguida en un bol acompañados de la salsa de tomate en un recipiente separado.

salados

Nachos Acapulco

INGREDIENTES

125 g de totopos de maíz
50 g de queso mozzarella

Para el guacamole:
1 aguacate
30 g de cebolla blanca
½ tomate
¼ de lima
una pizca de sal
una pizca de azúcar
¼ de guindilla
unas hojitas de cilantro
una pizca de pimienta negra

 2 raciones

 15 minutos

 Dificultad: fácil

1 Pela el aguacate y retira el hueso. Luego parte la pulpa en daditos. Pela la cebolla y pícala. Exprime la lima y filtra el zumo. Pela el tomate y trocéalo menudo.
Mientras tanto pon a calentar el horno a 160°.

2 Dispón los ingredientes anteriores en un recipiente y añade la sal, el azúcar, la guindilla, el cilantro lavado y picado y la pimienta. Remueve todo hasta que se integren.

3 Introduce los totopos con el queso por encima en el horno y déjalos hasta que este se funda ligeramente.

4 Sírvelos enseguida acompañados del guacamole en un recipiente separado.

salados

Hummus con crudités

INGREDIENTES

250 g de garbanzos cocidos en conserva
100 ml de aceite de oliva
1 diente de ajo
una pizca de sal
una pizca de pimentón dulce
100 ml de agua

Para acompañar:
½ pepino
½ pimiento rojo
1 zanahoria

1 Pasa los garbanzos por agua y escúrrelos. Disponlos con el aceite, el ajo pelado, la sal y el agua en el vaso de la batidora y tritúralos hasta obtener un puré liso.

2 Colócalo en un recipiente y espolvorea la superficie con el pimentón.

3 Limpia el pimiento y pela la zanahoria y el pepino. Lava los tres ingredientes y sécalos. Luego, córtalos en bastoncitos y disponlos en un vaso pequeño. Sírvelos acompañando al hummus.

 3 raciones

 15 minutos

 Dificultad: fácil

salados

Salteado de la huerta

INGREDIENTES

5 espárragos verdes
1 diente de ajo
200 g de champiñones
una pizca de sal
1 cucharada de aceite de oliva

 1 ración

 10 minutos

 Dificultad: fácil

1 Limpia los espárragos, lávalos y córtalos en rodajitas. Limpia también los champiñones, lávalos y pártelos en láminas finas. Pela el ajo y córtalo en láminas. Sofríelo con el aceite a fuego medio.

2 Añade entonces los espárragos junto con 2 cucharadas de agua y deja cocer hasta que estén blanditos. Agrega los champiñones, sazona y rehoga todo junto hasta que se evapore el agua que sueltan.

3 Monta el plato usando un aro de repostería, retíralo y sírvelo enseguida.

Quiche de la huerta y de bacon

INGREDIENTES

40 g de queso mozzarella

Para la masa:
600 g de harina sin gluten y sin lactosa
60 g de mantequilla
60 g de requesón
8 huevos pequeños
40 g de garbanzos secos
una pizca de sal

Para el relleno de la huerta:
2 calabacines
2 cebollas
2 tomates
80 ml de aceite de oliva

Para el relleno de la de bacon:
2 calabacines
2 cebollas
200 g de bacon
80 ml de aceite de oliva

 4 unidades de cada tipo

 50 minutos

 Dificultad: media

1 Para la masa: tamiza la harina. Añade la mantequilla a temperatura ambiente y remueve hasta que se incorporen. Agrega los huevos, el requesón, escurrido y troceado, con la sal. Amasa todo hasta que alcance una textura homogénea. Dale forma de bola, envuélvela en film y déjala en la nevera 1 hora. Mientras, calienta el horno a 180°. Una vez fría, estírala con el rodillo y forra 8 moldes individuales para quiche con la masa.

2 Cubre la masa con papel sulfurizado y con los garbanzos secos, y hornéala unos 15 minutos hasta que esté crujiente. Sácala del horno y resérvala.

3 Para hacer el relleno de la huerta: pela y pica las cebollas y lava, pela y pica los tomates. Lava los calabacines y trocéalos. Sofríe la cebolla unos minutos en el aceite hasta que esté blandita. Añade el tomate y el calabacín y cuece 12 minutos. Retira y dispón la verdura sobre la masa. Hornea 8 minutos más a 180°, espolvorea con 5 g de mozzarella cada unidad y gratina 2 minutos hasta que se funda el queso en el horno.

4 Para hacer el relleno de bacon: pela y pica las cebollas; lava los calabacines y pártelos en rodajas. Sofríe la cebolla unos minutos en aceite, hasta que esté blandita. Añade el calabacín y prosigue la cocción 12 minutos. Incorpora la mayor parte del bacon cortado en tiras y dóralo. Retira, disponlo sobre la masa y hornea 8 minutos a 180°. Saltea el resto del bacon y agrégalo a la quiche. Espolvorea con 5 g de mozzarella cada unidad y gratina hasta que se funda el queso.

ensaladas

De pollo

INGREDIENTES

130 g de pechuga de pollo fileteada
45 g de rúcula
30 g de queso parmesano
1/4 de aguacate

Para la marinada del pollo:
20 ml de aceite de oliva
1 cucharada de romero molido

Para los tomates:
6 tomates cherry
125 ml de vinagre de Módena
125 ml de aceite de oliva
40 g de azúcar de abedul

 1 ración

 20 minutos

Dificultad: fácil

1 Mezcla los ingredientes de la marinada en un bol y añade el pollo. Tápalo y déjalo reposar 10 minutos. Escurre el pollo y saltéalo a la plancha hasta que obtenga un color dorado. Luego córtalo en daditos.

2 Lava los tomates, sécalos y rocíalos con el vinagre, el aceite y el azúcar. Hornéalos 9 minutos a 160° y retíralos. Escúrrelos y reserva el líquido que han soltado para aderezarlos luego.

3 Lava la rúcula y sécala. Pela el aguacate, retira el hueso y córtalo en 4 láminas formando un abanico. Trocea también el queso en forma de cubos. Dispón la rúcula en un plato, añade los tomatitos partidos por la mitad y el queso.

4 Agrega los dados de pollo y, finalmente, riega los ingredientes con la salsa reservada de los tomates.

ensaladas

Griega

INGREDIENTES

60 g de pepino
320 g (1 ½) de tomate
25 g de cebolla roja
½ pimiento verde
80 g de queso feta
70 g de aceitunas
una pizca de sal
una pizca de pimienta
2 o 3 tallos de cebollino

Para la vinagreta:
50 ml de aceite de oliva
unas gotas de vinagre de Módena

1 ración

10 minutos

Dificultad: fácil

1 Limpia el pimiento, lávalo y córtalo en trozos pequeños. Pela la cebolla y córtala en plumas. Lava el pepino y córtalo en rodajas de aproximadamente 1 cm para luego partirlas por la mitad formando media lunas.

2 Trocea el queso. Mezcla todos los ingredientes en un recipiente y añade las aceitunas, la sal y la pimienta. Remueve bien unos segundos.

3 Prepara la vinagreta: mezcla el aceite con el vinagre hasta que emulsione la salsa. Viértela sobre la ensalada, vuelve a remover con dos cucharas y sírvela; si quieres, espolvoréala con el cebollino.

ensaladas

Only you

INGREDIENTES

120 g de pechuga de pollo fileteada
50 g de queso brie
¼ de aguacate
1 tomate kumato
15 g de zanahoria
15 g de pepinillos
50 g de maíz dulce
50 de mezclum de lechuga
una pizca de sal

Para marinar el pollo:
un chorrito de aceite de oliva
1 cucharadita de romero molido

Para la vinagreta de frambuesa:
100 g de frambuesas
2 cucharaditas de vinagre de Módena
90 ml de aceite de oliva
una pizca de sal

1 Mezcla los ingredientes de la marinada en un bol. Sazona los filetes, añádelos al recipiente, tápalos y déjalo reposar durante unos minutos. Escúrrelos y saltéalos en una plancha hasta que alcancen un color dorado. Retíralos y córtalo en daditos.

2 Lava la lechuga, escúrrela y trocéala. Lava también el tomate y córtalo en gajos. Raspa la zanahoria y rállala. Pela el aguacate y pártelo en láminas formando un abanico y corta en rodajitas los pepinillos. Pasa por agua el maíz y parte el queso en dados.

3 Prepara la vinagreta: lava las frambuesas, sécalas y tritúralas con el vinagre de Módena, el aceite y la sal. Monta la ensalada, mezclando todos los ingredientes y sírvela aliñada con la vinagreta.

1 ración

20 minutos

Dificultad: fácil

ensaladas

Waldorf

120 g de pechuga de pollo
60 g de mézclum de lechuga
40 g de manzana roja
20 g de nueces peladas
10 g de uvas pasas
35 g de apio
una pizca de sal
un chorrito de aceite de oliva

Para la salsa de queso roquefort:
100 ml de nata líquida
100 g de queso roquefort
una pizca de sal

 1 ración

 10 minutos

Dificultad: fácil

1 Limpia el pollo, sazónalo y hazlo a la plancha con el aceite hasta que se dore. Retíralo y pártelo en daditos. Pica las nueces.

2 Limpia el apio, retira las hebras y trocéalo fino. Lava, escurre y parte la lechuga. Lava la manzana, retira las semillas y córtala en medias lunas finas.

3 Para la salsa: dispón el queso en un cazo, añade la nata y la sal, y cuece todo, a fuego lento, sin dejar de batir hasta que se incorporen todos los ingredientes. Disponla en un plato y agrega el resto de los ingredientes preparados y las pasas. Sírvela enseguida.

ensaladas

De atún

50 g de mézclum de lechuga
60 g de atún en aceite
1 huevo
20 g de pepino
30 g de cebolla morada
50 g de maíz dulce
1 tomate kumato
1/2 aguacate
una pizca de sal

Para la vinagreta de mostaza:
100 ml de mostaza
20 ml de miel
¼ de naranja exprimida

 1 ración

 20 minutos

Dificultad: fácil

1 Cuece el huevo en agua salada unos 8 minutos. Escúrrelo, déjalo templar y pélalo. Luego, córtalo en gajos. Lava la lechuga y escúrrela muy bien. Trocéala y disponla en el plato.

2 Pela la cebolla y pártela en plumas. Lava el pepino, sécalo y córtalo en finas rodajas. Lava también el tomate y córtalo en gajos. Pela el aguacate, retira el hueso y corta la pulpa en láminas formando un abanico.

3 Prepara la vinagreta: dispón en un bol la miel, el zumo de naranja y la mostaza, y bate con varillas manuales hasta que se integre todo. Resérvala.

4 Añade al plato el resto de ingredientes preparados junto con el maíz, después de aclararlo en agua, y el atún, escurrido y troceado en lomos. Sirve la ensalada aliñada con la vinagreta de mostaza.

ensaladas

~~~~~~

De quinoa

INGREDIENTES

70 g de quinoa
60 g de aceitunas negras
½ cebolla roja
15 g de maíz dulce
40 g de aguacate
unas hojitas de cilantro
25 g de pasas
1 tomate cherry
una pizca de sal
3 o 4 tallos de cebollino

Para la vinagreta de limón:
100 ml de aceite de oliva virgen extra
¼ de limón exprimido

....

 1 ración

 20 minutos

 Dificultad: fácil

1. Lava la quinoa con agua unos minutos y escúrrela bien. Hierve 200 ml de agua con la sal y añade entonces la quinoa. Cuécela durante 15 minutos hasta que alcance una textura blanda. Retírala, déjala reposar tapada y remuévela con un tenedor.

2. Parte las aceitunas en rodajitas y aclara el maíz. Pela el aguacate y la cebolla. Pica ambos. Pica también el cilantro. Mezcla estos ingredientes con la quinoa y las pasas.

3. Prepara la vinagreta: mezcla en un bol el aceite con el zumo de limón. Monta el plato con un molde en forma de corazón y retíralo. Sirve la ensalada aderezada con un chorrito de la vinagreta, decorada con el tomate cherry cortado en flor y espolvoreada con el cebollino lavado y picado.

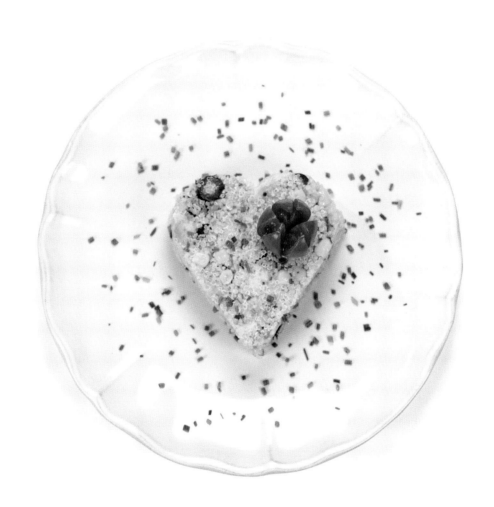

pasta

Lasaña de carne

INGREDIENTES

18 láminas de lasaña sin gluten
500 g de queso mozzarella rallado
100 g de queso parmesano rallado
una pizca de sal

Para la boloñesa:
600 g de carne picada de ternera
300 g de tomate frito
6 zanahorias
3 cebollas
100 ml de aceite de oliva
una pizca de sal
una pizca de pimienta

Para la bechamel (500 g):
3 cebollas blancas
75 g de mantequilla
30 ml de caldo de pollo
500 ml de leche sin lactosa
una pizca de sal
una pizca de pimienta
una pizca de nuez moscada
50 g de harina

 6 raciones

 35 minutos

 Dificultad: media

1 Para la salsa boloñesa: pela la cebolla, pícala y sofríela con el aceite unos minutos a fuego medio. Añade la zanahoria pelada y rallada, y continúa sofriendo durante 8 minutos. Agrega la carne, salpimenta y prosigue la cocción hasta que cambie de color. Incorpora el tomate, remueve y retira.

2 Cuece las láminas de pasta en agua con sal hasta que estén al dente. Escúrrelas y resérvalas en un paño sin superponer. Precalienta el horno a 180°.

3 Prepara la bechamel: pela las cebollas y trocéalas muy pequeñas. En una sartén, a fuego medio, dispón la mantequilla y agrega la cebolla, sofríela 6 minutos. Añade la harina y continúa removiendo la mezcla durante 3 minutos. Agrega la leche poco a poco, con el caldo, la sal, la pimienta y la nuez moscada, sin dejar de remover. Deja que se integren todos los ingredientes durante 6 minutos.

4 Monta la lasaña alternando capas de pasta, de salsa boloñesa, de bechamel y de la mozzarella. Introdúcela en el horno durante 30 minutos y después espolvorea la superficie con el parmesano. Gratina la lasaña 3 minutos en el horno hasta que se dore el queso.

pasta

Lasaña vegetal

INGREDIENTES

18 láminas de lasaña sin gluten
de 15 x 8 cm
600 g de brotes de espinacas
500 g de queso mozzarella rallado
100 g de queso parmesano rallado
un chorrito de aceite de oliva
una pizca de sal, pimienta y de nuez
moscada

Para la ensalada:
25 g de brotes de lechuga
25 g de tomates cherry
50 g de maíz dulce
½ pepino
un chorrito de aceite de oliva
una pizca de sal

Para la bechamel (500 g):
3 cebollas blancas
75 g de mantequilla
30 ml de caldo de pollo
500 ml de leche sin lactosa
una pizca de sal, de pimienta y de
nuez moscada
50 g de harina

 6 raciones

 40 minutos

 Dificultad: media

1 Prepara la bechamel: pela las cebollas y trocéalas muy pequeñas. En una sartén, a fuego medio, dispón la mantequilla y agrega la cebolla; sofríela 6 minutos. Añade la harina y continúa removiendo la mezcla durante 3 minutos. Agrega la leche poco a poco con el caldo, la sal, la pimienta y la nuez moscada, sin dejar de remover. Deja que se integren todos los ingredientes durante 6 minutos.

2 Cuece las láminas de lasaña en agua con sal hasta que estén al dente, aproximadamente 9 minutos, y escúrrelas. Disponlas en un paño, sin superponer, para que escurran el agua.

3 Limpia las espinacas, lávalas y sécalas. Trocéalas y saltéalas a fuego medio en una sartén con el aceite hasta que se evapore el agua que sueltan. Mezcla con la salsa bechamel y remueve.

4 Precalienta el horno a 180°. Monta la lasaña alternando capas de pasta, de la bechamel con espinacas, un poquito de aceite y la mozzarella. Termina espolvoreando la superficie con el parmesano.

5 Gratina la lasaña unos minutos en el horno hasta que se dore el queso. Mientras prepara la ensalada. Limpia la lechuga y lávala con los tomates y el pepino. Luego, trocéalos. Aclara el maíz en agua. Mezcla todos los ingredientes y alíñala con sal y el aceite. Sírvela con la lasaña.

pasta

Boloñesa

100 g de pasta tipo fussilli sin gluten
1 cucharada de queso parmesano
2 o 3 tallos de cebollino
una pizca de sal

Para la salsa boloñesa:
100 g de carne picada de ternera
50 g de salsa de tomate
2 zanahorias
1/2 cebolla
15 ml de aceite de oliva
una pizca de sal

 1 ración

 30 minutos

 Dificultad: fácil

1 Para la salsa: pela la cebolla, pícala y sofríela con el aceite unos minutos. Raspa, lava y pela la zanahoria y añádela a la sartén. Incorpora la carne, sazona y prosigue la cocción hasta que cambie de color. Añade la salsa de tomate, remueve y retira.

2 Hierve la pasta en agua salada hasta que esté al dente, aproximadamente 9 minutos, y escúrrela. Dispón la salsa en una sartén, agrega la pasta y calienta todo junto unos instantes para que se mezclen los sabores.

3 Pon la pasta en un plato y sírvela espolvoreada con el queso y con el cebollino lavado y picado.

pasta

Carbonara

100 g de pasta tipo fussilli sin gluten
30 g de bacon
150 ml de nata
1 yema de huevo
1 cucharada de queso parmesano
sal
una pizca de pimienta
una pizca de nuez moscada
1 cucharadita de aceite de oliva
1 frambuesa
¼ de cebolla blanca

 1 ración

 25 minutos

 Dificultad: fácil

1 Hierve la pasta en agua con 1 cucharadita de sal hasta que esté al dente, aproximadamente 9 minutos, y escúrrela bien. Limpia el bacon, retirando la corteza y las ternillas, y pártelo en tiras o en daditos.

2 Pela la cebolla, pícala y sofríela 5 minutos en el aceite. Añade el bacon, saltea 2 minutos en una sartén hasta que se dore y retira ambos ingredientes. Vierte la nata en la sartén, agrega el queso y llévalo a la ebullición, removiendo.

3 Añade la pasta a la sartén y déjala unos instantes sin dejar de remover.
Incorpora la yema de huevo ligeramente batida, con una pizca de sal, la pimienta y la nuez moscada.

4 Pasa todo a un plato y sírvelo enseguida decorado con la frambuesa lavada.

pasta

Healthy

INGREDIENTES

100 g de pasta tipo fussilli sin gluten
4 tomates cherry
40 g de espárragos verdes
1 cucharadita de ajo molido
25 g de nueces peladas
1 cucharada de aceite de oliva
sal
unas hojitas de albahaca

 1 ración

 20 minutos

Dificultad: fácil

1 Hierve la pasta en agua con una cucharadita de sal hasta que esté al dente, aproximadamente 9 minutos, y escúrrela. Lava las hojitas de albahaca y los espárragos, y corta estos en rodajitas. Sazónalos y sofríelos con el aceite.

2 Añade a la sartén los tomates lavados y partidos en gajos, las hojas de albahaca, el ajo molido y las nueces troceadas. Remueve y déjalos unos instantes mientras se incorporan.

3 Finalmente, agrega la pasta, prosigue la cocción 1 minuto más para que se mezclen los sabores y sírvela enseguida.

Eggs royale

INGREDIENTES

2 rebanadas de pan sin gluten o
vegano
2 huevos
un chorrito de vinagre de vino blanco
unas hojitas de rúcula
55 g de salmón ahumado cortado en
lonchas
4 o 5 tallos de cebollino
una pizca de sal

Para la salsa holandesa:
4 yemas de huevo
¼ de limón exprimido
15 g de mantequilla
una pizca de sal
una pizca de pimienta

....

 1 ración

 15 minutos

 Dificultad: fácil

1 Para la salsa: dispón las yemas en un recipiente y hazlas al baño maría, sin dejar de remover con unas varillas manuales, hasta que doblen su volumen. Añade entonces el zumo de limón y la mantequilla, mezclando hasta que adquiera una consistencia espesa. Sazona con la sal y la pimenta.

2 Hierve los huevos en agua con la sal y el vinagre unos 3 minutos y escúrrelos. Déjalos templar. Lava la rúcula y sécala. Repártela en las rebanadas de pan.

3 Añade en cada rebanada una loncha de salmón ahumado. Pela los huevos y disponlos encima de las tostadas.

4 Pica el cebollino y espolvoréalo sobre los huevos. Sírvelos enseguida acompañados de un poco de la salsa holandesa en un recipiente pequeño aparte.

huevos

Eggs Celicioso

INGREDIENTES

2 huevos
2 rebanadas de pan sin gluten
¼ de aguacate
1 cucharadita de semillas de sésamo
3 o 4 tallos de cebollino
un chorrito de vinagre
una pizca de sal

 1 ración

 15 minutos

 Dificultad: fácil

1 Casca el huevo en una taza y sazónalo. Introdúcelo en agua hirviendo con el vinagre y déjalo cocer durante 3 minutos. Retíralo, resérvalo y déjalo en un plato. Repite el proceso con el otro huevo.

2 Tuesta el pan. Pela el aguacate, retira el hueso y pártelo en láminas. Repártelas sobre las tostadas de pan y espolvoréalo con el sésamo.

3 Añade los huevos sobre el aguacate y sírvelos enseguida espolvoreados con el cebollino lavado y picado.

huevos

Eggs Benedict

INGREDIENTES

2 huevos
2 lonchas de bacon
unas hojas de rúcula
2 rebanadas de pan sin gluten
un chorrito de vinagre
una pizca de sal
3 o 4 tallos de cebollino

Para la salsa holandesa:

4 yemas de huevo
¼ de limón exprimido
15 g de mantequilla
una pizca de sal
una pizca de pimienta

 1 ración

 15 minutos

 Dificultad: fácil

1 Para la salsa: dispón las yemas en un recipiente y hazlas al baño maría, sin dejar de remover con unas varillas manuales hasta que doblen su volumen. Añade entonces el zumo de limón y la mantequilla, mezclando hasta que adquiera una consistencia espesa. Sazona con la sal y la pimenta.

2 Cuece los huevos en agua con la sal y el vinagre unos 3 minutos y escúrrelos. Resérvalos en un plato al calor.

3 Limpia el bacon y dóralo en una sartén antiadherente, sin añadir aceite, hasta que esté crujiente. Tuesta el pan. Lava la rúcula y sécala. Repártela sobre las tostadas y añade el bacon.

4 Distribuye los huevos pochados y espolvoréalos con el cebollino lavado y picado. Sírvelos acompañados de la salsa holandesa en un bol aparte.

huevos

Tortilla bio

3 huevos
25 g de cebolla blanca
30 g de tomates
1 cucharadita de aceite de oliva
una pizca de sal

Para acompañar:

2 rebanadas de pan de molde Celicioso
1 tomate cherry
30 g de pepino (opcional)
25 g de lechuga de roble (opcional)

 1 ración

 15 minutos

 Dificultad: fácil

1 Pela la cebolla y pícala fina. Lava los tomates y pícalos también. Calienta el aceite en una sartén antiadherente.

2 Añade la cebolla junto con el tomate a la sartén y sofríelos hasta que estén blanditos. Casca los huevos en un recipiente, bátelos, sazónalos y añádelos a la sartén.

3 Cuaja la tortilla por los dos lados, dóblala por la mitad y retírala. Disponla en un plato y sírvela decorada con el tomate cherry cortado en gajos y acompañada de las rebanadas de pan tostado. Si quieres puedes acompañarlas del pepino cortado en láminas y de las hojitas de roble lavadas y secas.

huevos

Tortilla italiana

3 huevos
1/2 calabacín
30 g de tomates secos
25 g de mozzarella
1 tomate cherry
1 cucharadita de aceite de oliva
una pizca de sal
3 o 4 tallos de cebollino

Para acompañar:

2 rebanadas de pan de molde
Celicioso

 1 ración

 15 minutos

 Dificultad: fácil

1 Casca los huevos en un bol, sazónalos y bátelos con varillas manuales hasta que estén espumosos. Lava el calabacín y córtalo en cubitos. Pica también los tomates secos. Añade ambos ingredientes a los huevos con la mozzarella desmenuzada.

2 Calienta el aceite en una sartén antiadherente, vierte la mezcla de huevos y cuaja la tortilla por los dos lados.

3 Dóblala en forma de media luna y retírala. Decórala con el tomate cortado en gajos y espolvoreada con el cebollino lavado y picado. Sírvela acompañada de las rebanadas de pan tostado.

huevos

Tortilla americana

INGREDIENTES

20 g de queso edam cortado en lonchitas
20 g de queso cheddar cortado en lonchitas
3 huevos
1 cucharadita de aceite de oliva
una pizca de sal

Para acompañar:

2 rebanadas de pan de molde
Celicioso

 1 ración

 10 minutos

Dificultad: fácil

1 Casca los huevos en un recipiente, bátelos con varillas manuales y sazónalos. Calienta el aceite en una sartén antiadherente.

2 Vierte los huevos y cuaja la tortilla por los dos lados. Añade los dos tipos de queso sin retirarla de la sartén y deja que se fundan ligeramente.

3 Dobla la tortilla en forma de media luna y disponla en un plato. Sírvela acompañada de las rebanadas de pan tostado.

Tortilla fit

INGREDIENTES

4 claras de huevo
1 tomate cherry
3 o 4 tallos de cebollino
1 cucharadita de aceite de oliva
una pizca de sal

Para acompañar:

2 rebanadas de pan de molde
Celicioso
unos tomates cherry

....

 1 ración

 10 minutos

 Dificultad: fácil

1 Bate las claras de huevo y sazónalas. Calienta el aceite en una sartén, añade la claras y cuaja la tortilla por los dos lados.

2 Retírala, disponla en un plato y sírvela enseguida decorada con el tomate cortado en gajos y espolvoreada con el cebollino lavado y picado. Acompaña la tortilla con las rebanadas de pan, tostadas y cortadas en triangulitos, o con los tomates partidos por la mitad.

sándwiches

Noruego

INGREDIENTES

1 pan de focaccia (unos 60 g)
sin gluten o pan vegano
55 g de salmón ahumado
unas hojitas de rúcula
1 rodaja de tomate
¼ de aguacate

Para la salsa de eneldo:

1 cucharada de aceite de oliva
unas ramitas de eneldo

Para acompañar:

Una ensalada

1 Prepara la salsa: lava el eneldo, pícalo y mézclalo con el aceite. Tuesta el pan. Lava y escurre la rúcula. Pela el aguacate y pártelo en gajos y colócalo en forma de abanico.

2 Unta cada parte del pan con la salsa de eneldo. Dispón sobre la parte inferior del pan la rúcula, el salmón ahumado troceado, el tomate y el aguacate. Si quieres, acompaña el sándwich con una ensalada verde.

 1 unidad

 15 minutos

Dificultad: fácil

sándwiches

Steak

INGREDIENTES

1 pan de focaccia (unos 60 g) sin gluten o pan vegano
65 g de ternera blanca fileteada
unas hojitas de rúcula
1 cucharadita de mostaza
unas gotas de aceite de oliva, sal

Para la cebolla caramelizada:
¼ de cebolla
20 g de azúcar de abedul
un chorrito de aceite de oliva

Para el guacamole:
1 aguacate
30 g de cebolla blanca
½ tomate
¼ de lima
una pizca de azúcar
¼ de guindilla
2 hojas de cilantro, sal, pimienta

Para la ensalada:
25 g de brotes de lechuga
1 tomate cherry
50 g de maíz dulce
½ pepino, ¼ de cebolla roja
un chorrito de aceite de oliva, sal

....

 1 unidad

 20 minutos

 Dificultad: fácil

1 Para el guacamole: pela el aguacate y retira el hueso; luego, parte la pulpa en dados pequeños. Pela la cebolla y pícala. Exprime la lima y filtra el zumo. Pela el tomate y trocéalo menudo.

2 Dispón los ingredientes anteriores en un bol y añade la sal, el azúcar, la guindilla, las hojas de cilantro lavadas y picadas y la pimienta. Remueve todo hasta que se integren formando una crema homogénea.

3 Para caramelizar la cebolla: pela la cebolla y córtala en plumas. Calienta el aceite en una sartén, añade la cebolla y cuando empiece a estar blandita, aproximadamente 10 minutos, añade el azúcar. Déjala cocinar removiendo, hasta que se funda el azúcar y la cebolla adquiere un tono doradito.

4 Prepara la ensalada. Limpia la lechuga y lávala con el tomate y el pepino. Luego, trocéalos. Aclara el maíz en agua y parte la cebolla en aritos. Mezcla todos los ingredientes y alíñala con sal y el aceite.

5 Sazona el filete a tu gusto y saltéalo en unas gotas de aceite. Calienta el pan en el horno durante 4 minutos a 220°. Monta el sándwich: unta la parte inferior del pan con mostaza y luego con el guacamole. Añade la rúcula, el filete y por último una capa de cebolla caramelizada.

sándwiches

California jake

1 pan de focaccia (unos 60 g) sin gluten o pan vegano
120 g de pechuga de pollo
1 lonchita de queso gouda
1 rodaja de tomate
unas hojitas de lechuga
40 g de aguacate
20 g de lonchas de bacon
1 cucharadita de romero molido
un chorrito de aceite de oliva
una pizca de sal

Para el guacamole:
1 aguacate
30 g de cebolla blanca
½ tomate
¼ de lima
una pizca de sal
una pizca de azúcar de abedul
¼ de guindilla
unas hojitas de cilantro
una pizca de pimienta negra

 1 unidad

 20 minutos

 Dificultad: fácil

1 Para el guacamole: pela el aguacate y retira el hueso; luego, parte la pulpa en dados pequeños. Pela la cebolla y pícala. Exprime la lima y filtra el zumo. Pela el tomate y trocéalo menudo.

2 Dispón los ingredientes anteriores en un recipiente y añade la sal, el azúcar, la guindilla, las hojas de cilantro lavadas y picadas y la pimienta. Remueve todo hasta que se integren formando una crema homogénea.

3 Mezcla el aceite con romero picado. Sazona el filete, úntalo con esta preparación y déjalo marinar unos minutos. Luego, escúrrelo un poco y fríelo hasta que se dore un lado. Dale la vuelta y haz lo mismo por el otro lado. Dispón encima el queso y deja que se funda. Sofríe el bacon sin añadir aceite.

4 Monta el sándwich: unta el guacamole en una parte del pan, lava la lechuga y añádela. Agrega la rodaja de tomate, el aguacate cortado en láminas, el filete con el queso y el bacon. Tapa con la otra parte del pan y sírvelo con el acompañamiento que prefieras.

sándwiches

~~~~~~

Puente romano

INGREDIENTES

1 pan de focaccia (unos 60 g) sin gluten o pan vegano
2 lonchas de bacon
100 g de pechuga de pollo
unas hojas de rúcula

Para marinar el pollo:
100 ml de mostaza
50 ml de miel
1 cucharadita de semillas se sésamo
¼ de naranja exprimida

Para el guacamole:
1 aguacate
30 g de cebolla blanca
½ tomate
¼ de lima
una pizca de sal
una pizca de azúcar de abedul
¼ de guindilla
unas hojitas de cilantro
una pizca de pimienta negra

Para acompañar:
patatas fritas

....

 1 unidad

 15 minutos

Dificultad: fácil

1 Mezcla todos los ingredientes del marinado y deja el pollo en esta preparación unos minutos. Para el guacamole: pela el aguacate y retira el hueso; luego, parte la pulpa en dados pequeños. Pela la cebolla y pícala. Exprime la lima y filtra el zumo. Pela el tomate y trocéalo menudo.

2 Dispón los ingredientes del guacamole en un recipiente y añade la sal, la guindilla, el azúcar, la pimienta y las hojas de cilantro lavadas y picadas. Remueve todo hasta que se integren los ingredientes. Sofríe el bacon sin añadir aceite.

3 Dora el filete de pollo en una sartén. Monta el sándwich: unta la parte inferior del pan con guacamole, añade la rúcula lavada y el pollo. Incorpora el bacon y tapa con la otra parte del pan. Sírvelo con unas patatas fritas.

hamburguesas

~~~~~~

Celiciosa

INGREDIENTES

1 panecillo Celicioso
1 loncha de queso gouda
1 rodaja de tomate
1 hoja de lechuga de roble
130 g de pollo picado
unas ramitas de perejil
20 g de dátiles
20 g de cebolla
una pizca de sal
una pizca de pimienta
un chorrito de aceite de oliva

Para la cebolla caramelizada:
¼ de cebolla
20 g de azúcar de abedul
un chorrito de aceite de oliva

....

 1 unidad

 25 minutos

 Dificultad: fácil

1 Para caramelizar la cebolla: pela la cebolla y córtala en plumas. Calienta el aceite en una sartén, añade la cebolla y cuando empiece a estar blandita, aproximadamente 10 minutos, añade el azúcar. Déjala cocinar, removiendo hasta que se funda el azúcar y la cebolla adquiera un tono doradito.

2 Para la hamburguesa: pica la cebolla y mézclala con los dátiles también picados, el pollo, el perejil picado, sal y pimienta. Mezcla todo hasta conseguir una masa.

3 Pasa la hamburguesa por la plancha engrasada con el aceite hasta que esté doradita. Dale la vuelta, coloca encima el queso y déjala hasta que se haga por el otro lado y el queso se funda un poco.

4 Lava la hoja de lechuga y escúrrela. Tuesta el pan y dispón en la parte inferior del panecillo la lechuga, después el tomate, la hamburguesa con el queso y para acabar agrega la cebolla caramelizada. Tapa con la otra parte del pan y sírvela.

hamburguesas

V Burguer

INGREDIENTES

1 panecillo verde
1 hoja de lechuga
¼ de cebolla
2 zanahorias
20 g de champiñones
1 rodaja de tomate
40 g de harina sin gluten y sin lactosa
20 ml de agua
una pizca de pimienta
una pizca de sal
una pizca de pimentón dulce
una pizca de orégano
un chorrito de aceite de oliva

Para la salsa:
100 ml de mostaza
20 ml de miel

Para las patatas dulces:
100 g de patatas dulces
20 ml de aceite de oliva

 1 unidad

 25 minutos

 Dificultad: fácil

1 Para las patatas dulces: lava las patatas y córtalas en bastoncitos. Fríelas en una sartén con el aceite durante 10 minutos a fuego medio.

2 Pela la cebolla y pícala. Luego póchala en el aceite hasta que esté blandita. Mientras, lava, raspa y pica la zanahoria. Añádela con la cebolla y deja cocer unos minutos.

3 Limpia y lava los champiñones, trocéalos menudos y añádelos a la preparación anterior. Saltéalos unos minutos, añade la sal, la pimienta, el orégano y el pimentón y mezcla los ingredientes.

4 Agrega la harina y remueve hasta que se forme una pasta. Vierte el agua poco a poco, según vaya necesitando, para que quede homogénea. Retira del fuego y dale forma de hamburguesa.

5 Tuesta el pan. Mientras tanto, añade los ingredientes de la salsa en un bol y mézclalos hasta que se integren.

6 Corta el panecillo por la mitad. Monta la hamburguesa en el orden siguiente: pan, lechuga, tomate, hamburguesa y salsa. Sírvela con las patatas dulces.

CELICIOSO
GLUTEN FREE BAKERY

lle Hortaleza, 3 - Madrid - T. 91 531 88 87
e Barquillo, 19 - Madrid - T. 91 532 28 99
uente Romano - Marbella - T. 95 285 94 02

www.celicioso.es

hamburguesas

Cheeseburguer

INGREDIENTES

1 panecillo Celicioso
130 g de carne de ternera picada
1 huevo
1 loncha de queso gouda
1 rodaja de tomate
1 rodaja de cebolla
unas hojas de lechuga
una pizca de sal
una pizca de pimienta
un chorrito de aceite de oliva

Para la ensalada de col:
30 g de col
50 g de mayonesa
una pizca de cúrcuma

 1 unidad

 20 minutos

 Dificultad: fácil

1 Lava y corta la col en pequeñas tiras. Mezcla la mayonesa con la cúrcuma y con la col.

2 Prepara la hamburguesa: salpimenta la carne, mézclala con el huevo y dale forma redondeada. Pásala por la plancha untada con el aceite.

3 Dale la vuelta a la carne y deja que se haga hasta que alcance el punto deseado. Añade el queso y deja unos segundos hasta que se funda un poco. Tuesta el pan.

4 Lava la lechuga y repártela en la base de los panecillos. Añade la hamburguesa con el queso, la cebolla y el tomate. Tapa con la otra parte del pan y sírvela con la ensalada de col.

panes

PANES

De molde

INGREDIENTES

70 ml de aceite de oliva
9 g de gasificante (4,5 g de bicarbonato y 4,5 g de acidulantes de repostería)
165 g de harina panificable sin gluten
165 g de harina de arroz
1 huevo
335 ml de leche desnatada y sin lactosa
7 g de sal

 1 pan (14 rebanadas)

 40 minutos

 Dificultad: fácil

1 Casca el huevo en un recipiente grande y bátelo con la leche. En otro bol, mezcla las harinas con la sal, 65 ml de aceite y el gasificante.

2 Une ambas preparaciones y remuévelas unos minutos hasta alcanzar una textura homogénea. Unta con el resto del aceite un molde rectangular de 25 cm x 25 cm y vierte en él la masa. Precalienta el horno a 140°.

3 Métalo en el horno durante 40 minutos hasta que esté doradito y hecho por dentro. Retíralo, déjalo templar y desmóldalo.

PANES

Vegano con semillas

INGREDIENTES

400 ml de agua templada
70 ml de aceite de oliva extra virgen
20 g de azúcar de abedul
10 g de sal
25 g de levadura fresca sin gluten
500 g de harina panificable sin gluten
y sin lactosa
20 g de semillas de sésamo
20 g de semillas de amapola
20 g de semillas de girasol

 1 pan (14 rebanadas)

 40 minutos

 Dificultad: fácil

1 Mezcla el agua con el azúcar y la levadura. Pon esta preparación en el vaso de la batidora con la harina y las semillas, y mézclalo con el accesorio para amasar.

2 Agrega el aceite y por último la sal. Vuelve a batir unos 20 minutos a velocidad media. Unta el molde con un poco de aceite, vierte la masa en él y tápalo con papel film.

3 Deja reposar hasta que doble su tamaño. Luego, cuécelo 30 minutos a 180°. Sácalo del horno, deja templar y desmolda.

PANES

Con orégano y con tomate

INGREDIENTES

Para el pan de orégano

70 ml de aceite de oliva
9 g de gasificante (4,5 g de bicarbonato
y 4,5 g de acidulantes de repostería)
165 g de harina panificable sin gluten
165 g de harina de arroz
1 huevo
335 ml de leche desnatada y sin lactosa
7 g de sal
1 cucharadita de orégano seco
una pizca de romero seco

Para el pan de tomate

70 ml de aceite de oliva
9 g de gasificante (4,5 g de bicarbonato
y 4,5 g de acidulantes de repostería)
165 g de harina panificable sin gluten
165 g de harina de arroz
1 huevo
335 ml de leche desnatada y sin lactosa
7 g de sal
7 tomates secos

 1 pan (14 rebanadas)

 40 minutos

Dificultad: fácil

1 Para el pan de orégano: sigue los pasos que se indican en la receta del pan de molde básico, pero añade a la masa de harina el orégano y el romero.

2 Para el pan de tomate: añade los tomates troceados a la masa de harina.

PANES

Con queso y con semillas

INGREDIENTES

Para el pan de queso:

70 ml de aceite de oliva
9 g de gasificante (4,5 g de bicarbonato
y 4,5 g de acidulantes de repostería)
165 g de harina panificable sin gluten
165 g de harina de arroz
1 huevo
335 ml de leche desnatada y sin lactosa
100 g de queso gouda
7 g de sal

Para el pan de semillas

70 ml de aceite de oliva
9 g de gasificante (4,5 g de bicarbonato
y 4,5 g de acidulantes de repostería)
165 g de harina panificable sin gluten
165 g de harina de arroz
1 huevo
335 ml de leche desnatada y sin lactosa
7 g de sal
15 g de semillas de amapola
15 g de sésamo tostado
15 g de pipas de girasol

 1 pan (14 rebanadas)

 40 minutos

 Dificultad: fácil

1 Para el pan de queso: sigue los pasos que se indican en la receta del pan de molde básico.

2 Cuando estés preparando la masa, añade el queso troceado.

3 Para el pan de semillas: añade a la masa de harina la mitad de las semillas de sésamo, de las de amapola y todas las de girasol y mezcla todo bien.

4 Antes de introducir el pan en el horno espolvorea la superficie con el resto de las semillas de amapola y las de sésamo.

PANES

Vegano

INGREDIENTES

400 ml de agua templada
70 ml de aceite de oliva extra virgen
20 g de azúcar de abedul
10 g de sal
25 g de levadura fresca sin gluten
500 g de harina panificable sin gluten y sin lactosa

....

 1 pan (14 rebanadas)

 40 minutos

Dificultad: fácil

1 Mezcla el agua con el azúcar y la levadura. Pon esta preparación en el vaso de la batidora con la harina y mézclalo con el accesorio para amasar.

2 Agrega el aceite y por último la sal. Vuelve a batir unos 20 minutos a velocidad media. Unta el molde con un poco de aceite, vierte la masa en él y tápalo con papel film.

3 Deja reposar hasta que doble su tamaño. Luego, cuécelo 30 minutos a 180°. Sácalo del horno, deja templar y desmolda.

PANES

Vegano verde

INGREDIENTES

20 g de levadura fresca sin gluten
400 g de harina panificable sin gluten
100 g de espinacas
330 ml de agua
80 g de semillas de amapola
12 cucharaditas de sal
60 ml de aceite de oliva

 12 panecillos

 1 hora

 Dificultad: media

1 Tritura la espinaca lavada con 1/3 del agua en una batidora. Mezcla esta preparación con la levadura, la harina, el resto del agua, el aceite de oliva y la sal en una amasadora.

2 Amasa durante 20 minutos con la boquilla de pala a velocidad 5 constante. Haz 12 bollitos de unos 70 g y disponlos sobre una placa de horno forrada con papel vegetal. Precalienta el horno a 160°.

3 Dibuja unas líneas con un cuchillo sobre la superficie de los panecillos y espolvorea cada bolita con las semillas de amapola. Hornéalos unos 30 minutos, hasta que estén doraditos por fuera y hechos por dentro.

Agradecimientos

Celicioso ha traído muchas cosas buenas a mi vida. Una dieta más sana y más rica; un trabajo estable lleno de aventuras y sorpresas; un reconocimiento en el ámbito laboral que me ayuda a seguir luchando cada día, pero lo mejor de todo es contar con el apoyo de mis amigos y familia. En este apartado quiero incluir a todos mis empleados, porque ellos también han sabido estar en lo bueno y en lo malo. Quiero agradeceros a todos y cada uno de vosotros, que ya sabéis quienes sois, y en especial a mis padres y mi hermano, que sin pedir ni recibir nada a cambio están ahí todos los días con sus buenas intenciones, ayuda emocional y todo lo que he podido necesitar para hacer que Celicioso sea cada día con más fuerza la pasión de mi vida.

Santi Godfrid

Madrid

Calle Hortaleza, 3
28004 Madrid
T. 91 531 88 87

Calle Barquillo, 19
28004 Madrid
T. 91 532 28 99

Gourmet Experience Gran Vía
El Corte Inglés
Plaza del Callao, 2
28013 Madrid

Aravaca Village Hotels & Market
Camino de la Zarzuela, 23
28023 Madrid

Marbella

Hotel Puente Romano
29602 Marbella, Málaga
T. 952 85 94 02

Ibiza

Hotel Nobu Ibiza Bay
Carrer de Ses Feixes, 52
07800 Ibiza, Islas Baleares